军队"2110工程"经费资助

美军军事训练系统化设计、管理、评价系列丛书

美军训练的系统化方法 ——训练评价

曹继平　陈桂明　王正元　吴聪伟　译

宋建社　宋　辉　刘振岗　校

中国原子能出版社

图书在版编目（CIP）数据

美军训练的系统化方法．训练评价 / 曹继平等译
．—北京：中国原子能出版社，2022.12（2024.4重印）
（美军军事训练系统化设计、管理、评价系列丛书）
ISBN 978-7-5022-8758-0

Ⅰ．①美… Ⅱ．①曹… Ⅲ．①军事训练—系统训练—
美国 Ⅳ．① E712.3

中国版本图书馆 CIP 数据核字（2018）第 001497 号

美军训练的系统化方法——训练评价

出版发行　中国原子能出版社（北京市海淀区阜成路 43 号　100048）

责任编辑　王　青

印　　刷　北京时捷印刷有限公司

经　　销　全国新华书店

开　　本　787mm×1092mm　1/16

印　　张　9.5　　　　字　数　124 千字

版　　次　2022 年 12 月第 2 版　2024 年 4 月第 2 次印刷

书　　号　ISBN 978-7-5022-8758-0　　　定价：60.00 元

《美军军事训练系统化设计、管理、评价系列丛书》

编审委员会

主　编：郝建平

副主编：李星新　李洪伟　曹继平

委　员：（按姓氏笔画排序）

王海东　朱　胜　李　明　李三群　李从民

李浩智　张子丘　陈桂明　章明浩　潘　力

盛　飞

校　审：宋建社　宋　辉　刘振岗

前　言

　　系统化训练（SAT），是系统型训练模式的发展和扩充，其含义是针对不同工作岗位，通过全面分析，提出从事该岗位工作人员所具备的全面工作能力要求，通过编制和实施训练大纲，使人员达到该岗位所需的全面工作能力的要求，并对整个训练过程进行有效评价。

　　美军在训练过程中引入系统化方法来解决军事训练问题，对训练分析、设计、开发、评价、考核、训练开发管理、课程和课件确认等过程予以研究，论述了训练必要性，训练内容，训练者，训练方法，更好的训练手段，以及训练地点等，和生产、分配、执行所需要的训练支持/资源，以及评估所需要的教育/训练产品，并以文件、指南或手册等给予确认。

　　本书作为《美军军事训练系统设计、管理、评价》系列丛书之一，翻译自美陆军训练与条令司令部的350-70系列文件中第四部分（TP350-70-4），介绍了评价过程、评价计划编制、收集评价数据、分析评价数据、准备评价报告、进行评价跟踪、内部评价、外部评价、资格认定。其目的是给训练组织人员、领域专家以及在开发训练产品方面进行评估的训练部门提供参考。

　　本书内容共分为10章，第1章是引言，概述了系统性训练方法，质量保证、控制与评价之间的关系，评价类型，训练开发管理与计划编制，电子支持以及质量控制标准；第2章是评价过程，对评价内容、评价人员的作用以及评价过程进行了描述；第3章是评价计划编制，包括编制评价计划、评价项目管理计划、计划的质量控制标准；第4章是收集评价数据，阐述了评价数据收集的步骤和质量控制标准；第5章是分析评价数据，描述了评价数据分析过程与质量要求；第6章是准备评价报告，包括评价报告准备步骤、准备报告草稿、集体审核并通过报告草案、提议并获得批准、分发报告并跟踪检查以及质量控制标准；第7章是进行评价跟踪，介绍了评价跟踪的内容、步骤、要求以及质量控制标准等；第8章是内部评价，详细描述了内部评价的项目、过程、相关因素、输出、可能的问题以及质量控制准则等；第9章是外部评价，详细描述了外部评价的方法步骤、

1

部队训练评价、AUTOGEN软件、输出、可能的问题以及质量控制标准；第 10 章是资格认定，介绍了资格认定的必要性、方法指南，自评的作用与程序，以及资格认定的质量控制标准等。

参与本书翻译的译作者有曹继平、陈桂明、吴聪伟、王正元等同志。

本书的翻译出版，得到了预研与维修课题的资助和火箭军工程大学领导和同仁们的大力支持，并受到了维修技术专业组诸位专家，以及陆军工程大学石家庄校区郝建平、李星新与海军航空大学青岛校区李洪伟等同志的热情鼓励和帮助。在此，一并感谢各位领导、专家、同仁及出版社的同志们。

由于参与本书翻译的译者多是从事工程技术专业，普遍缺乏军事训练的专业知识和背景，翻译中肯定存在许多理解有偏有误、表述不准欠妥之处，恳请领域内专家、同仁指正。

2017 年 9 月

目　录

第1章 引言

1.1 目的

本手册基于训练与条令司令部（TRADOC）350-70，为训练课程和课件给出了详细的评估过程。

（1）评价过程。

（2）内部评价。

（3）外部评价。

（4）资格认定。

1.2 参考文献

本手册的所有参考文献见附录A。

1.3 缩略词和术语

缩略词和术语的解释见本手册术语表。

1.4　系统性训练方法（SAT）综述

（1）介绍陆军和平时期的任务和系统的训练方法（SAT）。SAT过程及其五个阶段中每一部分的详细介绍参见附录B。

（2）陆军和平时期的任务是训练部队（现役部队、预备役部队和国民警卫队），即通过执行系统军事行动任务（作战、取胜和生存）。训练士兵和作战部队按计划完成任务，提高生存能力。

（3）教育/训练开发是陆军战备的一项重要任务。陆军的训练开发（TD）隶属于SAT过程。SAT过程的目标是通过使命聚焦、任务基础、软硬能力的教育/训练来支持陆军的训练任务。这种训练必须严格要求受训的部队、士兵和领导全程参与，并注意安全和环境保护。

（4）SAT是为部队集体、个人或自身发展训练提供的一种系统的、螺旋式的教育训练。用于确定是否需要训练、训练什么、谁参加训练、如何进行训练、训练到何种程度及在什么地方进行训练；训练支持/资源所需的生产、分配、实施以及教育/训练产品的评估。

1.5　规章、手册以及工作辅助（JA）关系

1.5.1　支持产品

（1）本手册支持训练与条令司令部（TRADOC）的350-70，并为其提供程序性指导。要求在评价计划和评价实施中使用本手册。辅助工作，产品模板，产品样本，信息文件以及其他的支撑文件/产品支持本手册。本手册和附录可以作为多个或一个单独文件

的形式进行打印。

（2）表1-1是本手册参考的工作辅助关系（JAs）列表。附录F提供了JAs相关列表超级链接。

（3）图1-1介绍了本册和训练与条令司令部（TRADOC）Reg.350-70所涉及文件的关联性。

1.5.2 手册组织与结构

表1-1 工作辅助关系（Jas）列表

序号	标题
（1）JA350-70-4.3a	评估项目管理计划的格式
（2）JA350-70-4.3b	项目管理计划开发指南
（3）JA350-70-4.3c	主评估计划格式
（4）JA350-70-4.4a	开发调查问卷和采访指南
（5）JA350-70-4.4b	采访实践/步骤
（6）JA350-70-4.4c	采访指南
（7）JA350-70-4.4d	确定采样大小的方针
（8）JA350-70-4.5	总结质量数据（书面评论）
（9）JA350-70-4.6a	可执行的总结格式
（10）JA350-70-4.6b	详细的评价报告格式
（11）JA350-70-4.6c	决策人员的备忘录格式
（12）JA350-70-4.7	跟踪报告格式
（13）JA350-70-4.8a	评价人员检查表：SAT 过程
（14）JA350-70-4.8b	评价人员检查表：训练机构/设施
（15）JA350-70-4.8c	评价人员检查表：产品
（16）JA350-70-4.8d	评价人员检查表：TD 管理
（17）JA350-70-4.8e	管理的内部评价问题
（18）JA350-70-4.9a	评价人员检查表：外部评价
（19）JA350-70-4.9b	管理的外部评价问题
（20）JA350-70-4.10a	资格认证状态的通知
（21）JA350-70-4.10b	资格认证团队对 NCOA 或 RCTASSBN 认证总指挥建议
（22）JA350-70-4.10c	承训院校向 NCOA 和/或 RCTASSBN 提交的资格认定的最终报告样本
（23）JA350-70-4.10d	准备和开展自评的大纲
（24）JA350-70-4.10e	自评报告的附函

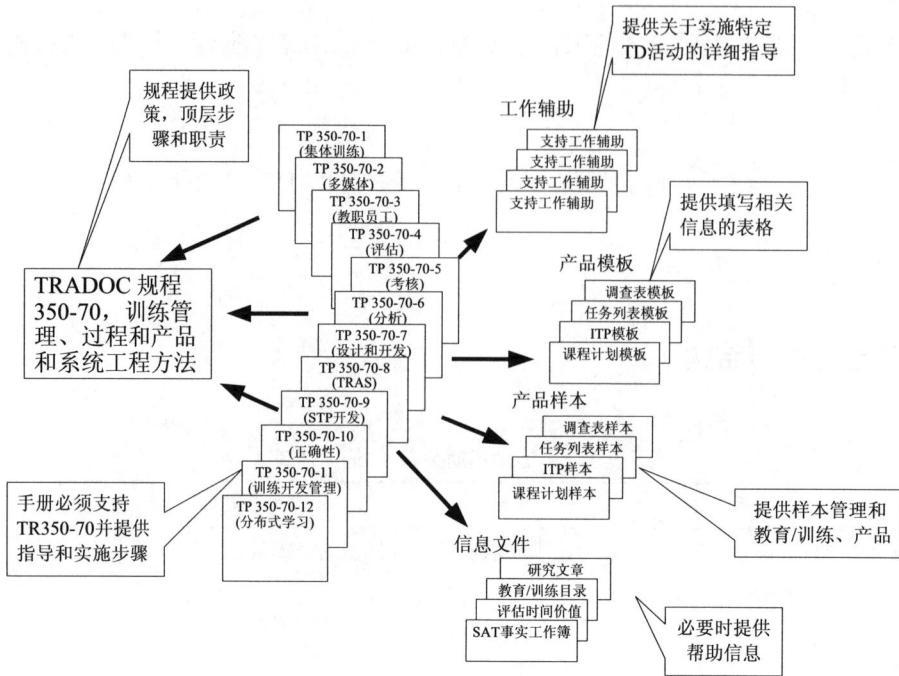

图1-1 本册和训练与条令司令部（TRADOC）Reg.350-70所涉及文件的关联性

1.6 质量保证、质量控制和评价综述

素质训练和训练产品使士兵能够在进行整个作战过程作战并生存下来。这就需要符合标准的、与需求相匹配的适时的训练和训练产品，也就是说，需要有效、高效的训练。SAT是美军满足陆军部队需要而制定的素质教育/训练和训练产品的管理控制系统。

1.6.1 引言

质量保证（QA），质量控制（QC）和评价都包括在SAT过程中，以确保质量。它们的功能各不相同，在训练中为达到最终的训练目标各自有着明确的目的。

1.6.2 质量

质量是相对于产品、过程以及程序设计标准的及时性、精确性、一致性。质量是工程化过程中的要求，不是附加的属性。开发过程所有阶段性目标，是通过 SAT 过程逐项不断评价实现的。逐项内部检查保障了 SAT 过程和训练产品的质量，强调部队和参训人员的训练表现。

1.6.3 质量保证

质量保证涉及评价过程，此过程确保训练的效能、效率，以满足当前和未来作战部队的需要。质量保证的目的是为实施中的训练与条令司令部（TRADOC）任务提供一系列的指令，同时将误差和失败的风险降到最低。这对提高组织效率、效能和经济性提供了监督功能。质量保证的目标是：

（1）为部队提供最大的投资回报。

（2）保证和维持最新的产品质量以满足作战部队的需要。

（3）保证训练和训练产品及时交付，并遵守陆军部（DA）和训练与条令司令部（TRADOC）相关政策；质量保证通过鉴定合格结果、内外部评价，最终实现质量控制。

1.6.4 质量控制

质量控制是用于实施质量保证的一种评价行为，能够确保所有教育/训练开发（TD）和实施的过程及步骤，和/或教育/训练产品达到或超过规定的标准。每个质量控制活动提供一定程度的质量保证。SAT 过程提供了适用于所有教育/训练产品、训练过程和步骤的一系列质量控制机制/检测办法。

注：SAT 操作手册提供了质量控制要求及实施办法。质量控制的总体过程在第 2 章详细论述。

1.6.5 评价

评价是对一项工作程序、过程和产品的质量（效率、缺点和有效性）进行系统的、连续的评估过程。评价可以确定训练计划的价值；确定训练目标是否达到；并可以评估新的训练方法。评价是通过评价者（即决策者）的信息或建议来改进教育/训练的方法。它也能够提供信息和建议以证明教育训练的价值（终结性评估）。评价能够：

（1）鉴别结果，促使决策者在程序文件中进行必要的调整。

（2）必要时，为教育/训练程序的修订提供反馈。

1.6.6 本册内容结构

本手册的组织结构如图1-2所示。为有些章节提供指南目的是完成评价的所有章节中的每一个环节。程序上的工作辅助、产品模板、产品样本以及信息文件都有助于完成此评价工作。

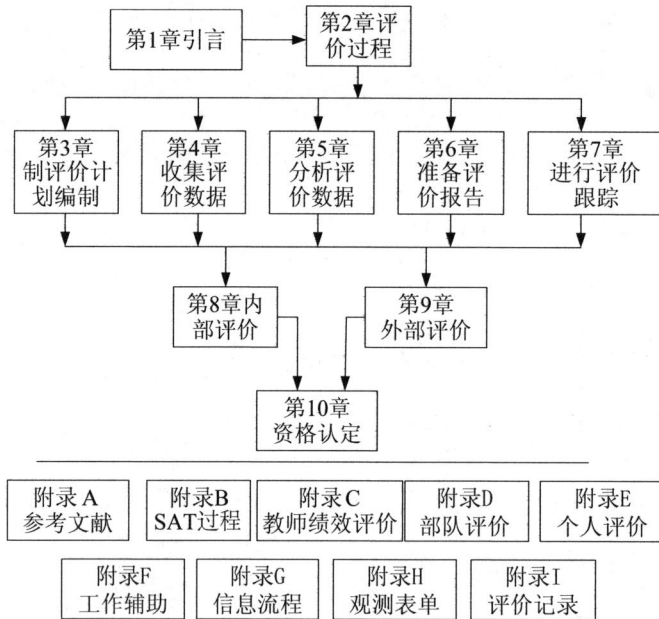

图1-2 手册内容结构图

1.6.7 评价与质量控制之间的关系

评价是在SAT过程中完成质量控制的一种反馈机制。对于相关的产品或过程，质量控制过程由规定的最基本质量标准开始。

在质量控制过程中，评价要素的作用是收集或搜集分析信息，提供能进行质量判断的管理数据。评价在质量控制过程中的作用如图 1-3 所示。

（1）评价是质量控制过程的关键成分，但与质量控制意义不同。

（2）评价是一种工具，既能测量，而且有助于教育/训练活动的成功开展。

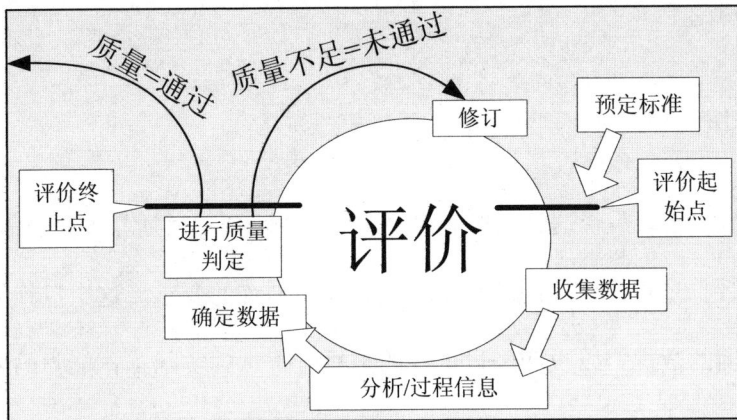

图 1-3 质量控制过程

1.7 评价的类型

评价分为两种类型，即内部评价和外部评价。

1.7.1 内部评价

（1）内部评价主要从教育训练教学系统环境收集内部反馈和管理数据来决定（如果）：

1）SAT 过程恰当地应用于产品或程序的开发。

2）训练基地提供了适当的或有目的的训练。

3）训练目的已经达到。

4）教育系统培养了合格的毕业生。

5）全体教职人员都按要求接受了训练。

6）指导教师提供质量说明书。

7）不论是集中学习还是分布式学习（Distributed Learning，DL），基础设施必须配置到位以保障训练。

（2）训练无论在何地以何种方式进行（即训练机构，TASS训练营，DL，连队或者在家），本评价过程都可实施。内部评价的目的是提高教学系统的质量和有效性。内部评价将在第8章讨论。

1.7.2 外部评价

外部评价确定士兵是否达到工作能力要求、是否需要尽其所学、是否需要额外学习。从而使得这种评价过程用来判断训练是否达到陆军训练的要求。这个过程主要评定毕业者工作能力方面的数据，以决定经过训练的士兵能否达到实际工作能力的要求。外部评价将在第9章讨论。

1.8 训练开发管理/计划编制综述

通过计划编制，管理人员将对完成评价项目所需资源有一个实际的估量，建立评估节点，然后将现有资源分配到评价项目。最初的TD（训练开发）管理计划编制始于教育/TD需求，其来源于需求分析或者新的/修订的训练策略。

计划编制作为高水平的工具服务于管理教育训练需求和资源。提出建议的学校开发了两类计划：

（1）训练开发项目管理计划（Training Development Project Management Plan，TDPMP）是针对每个教育TD过程或产品开发的，如表1-2所示。这个计划要么简单、不正式，要么详细而复杂。TDPMP将标明"何人""何事""何时""何地""为何"，以及"如何"，最终评价每个项目的成本。

1）TDPMP为一个特定项目周期提供工作量和资源需求证明。例如：84b30 的工作分析；设计或开发军事训练。

2）TDPMP 为一个特定项目确定人力和资源需求，主要包括：人员、目标、经费、材料、临时任务（Temporary Duty，TDY），其他的 TD 工程必需的要素。

表 1-2 项目管理计划步骤

步骤	工作
1	确定项目团队，计划编制需求
2	确定完成项目开发必需的 TD 资源
3	建立项目开始与结束的 TD 目标，以及必要的中间关键节点
4	确定预算需求并报预算办公室。主要包括：临时任务〔Temporary Duty（TDY）〕需求，其中包括位置、长度、运输需求，人员和经费估计 • 材料需求 • 分配需求与成本 • 打印复印费用
5	确定视听媒体支撑需求（人员和设备）
6	确定训练产品需求
7	协调学校内部各部门与外部单位之间关系
8	完成 TDPMP
9	获取 TDPMP 批准的命令
10	更新适宜于项目的诸多计划，如支持的 TD 计划，单兵训练计划〔Individual Training Plans（ITPs）〕，系统训练计划等

（2）支持性 TD 计划是支持者内部的、非一成不变的文献，包括所有的需求（资源性的和非资源性的）。如果有新的 TD 需求或者要变更现有的计划，就要调整 TD 计划。该 TD 计划列于 TDPMP 中，是训练计划需求的汇总。这是一个长期的多年应用的文献，为不同类型的资源、预算、人力报告等提供数据，如每月动态报告，安装合同，纲要目标备忘和指令操作预算。

1）TD 计划为 TD 程序、计划编制、预算和执行年度确定工作量和资源需求。TD 计划内的详细条目将逐年增加。

2）TD 计划按要求需要考虑所有集体的和个体的训练产品〔常设的和临时的课程，

训练保障包（Training Support Packages，TSP），手册等〕以及所有TD过程（如任务分析，评价等）。表1-3提供了相关步骤。

表1-3　训练开发计划步骤

步骤	工作
1	按优先次序概述所有TDPMP需求
2	确定哪些需求能够在现有资源的基础上完成（如，资源需求）
3	识别每个未达到的训练要求对单位使命和任务完成产生的影响
4	确定TD最终计划
5	获得TD计划的批准指令

更多的信息，见训练与条令司令部（TRADOC）Reg.350-70，第2章第二、第三部分。

1.9　电子支持

训练开发人员应当充分发挥训练与条令司令部（TRADOC）提供的适用于TD过程的自动工具的优势。该自动工具和程序随时间发生变化，变化不但体现在所完成的任务上，而且体现在使用的便捷性上。应熟练掌握这些变化，以满足指挥系统对自动化升级的需要。现有较好的资源存于陆军训练中心网站。通览整个手册，有当前自动化工具的参考，有帮助完成某个具体过程或步骤的指导方法。现存的主要自动训练开发工具是ASAT（自动化系统性训练方法）。每位训练者/训练开发者都须接触TD组织中的ASAT，这能够帮其获取和使用相关程序。另外一项资源在ASAT帮助栏。

1.10　质量控制

质量控制标准。每章都包含了应用于评价过程的QC标准。

第2章 评价过程

2.1 评价概述

评价过程是用来评估教育/训练和TD质量的（效率和有效性），是指导训练项目、训练产品和训练过程评价的步骤，评价包括以下方面：

（1）训练项目的有效性、训练达标程度、新训效能评估。

（2）装备或环境因素。

（3）训练和训练产品满足陆军需要的程度（即确定所受训练是否是战场所需）。

评价过程包括以下几个阶段：计划编制、资料收集、数据分析、报告撰写和后续跟踪。

2.2 评价人员的作用

评价人员的主要作用是为决策人员评估准确表达提供所需信息，以帮助完成教育训练决策。决策内容包括：是否需要继续训练，是否需要提高训练和训练的费用效能。评价贯穿于整个SAT过程，用于完成QC检测。评价人员在查找训练系统的优势和不足时需要关注：

（1）毕业生满足岗位要求的程度。

（2）是否提供了不必要的训练。

（3）必要的训练是否没有提供。

（4）提高受训者岗位能力的途径，包括训练系统。

（5）训练系统各单元对于整个训练系统质量的贡献程度，包括又不局限于课程计划、施训者、装备、训练设备、交互式课件、训练方案、音视频媒体、设施、人力以及经费等。

（6）是否正确应用了SAT过程。

（7）教育训练产品满足期望的效率如何。

2.2.1 对决策者的支持

评价人员在以下方面对决策者全面支持

（1）收集、分析、评价和提供以下方面相关的反馈。

1）当前训练和训练保障的质量。

2）条令条例的充分性。

3）从场地使用人员的角度，论证装备和武器系统的可操作性和可维修性。

4）满足新训要求的准备情况。

（2）为评价和鉴定陆军训练、训练产品及训练机构提供标准和指南。

（3）找出缺陷与不足。

（4）从倾向性数据收集和分析提供合理的建议。

（5）训练质量的保证由以下方面确定：

1）教学符合课堂计划、课程管理计划、学生评价计划，以及批准的教学大纲中列出的目标和实施程序。

2）用于课堂教学的教具支持教学目标，具有适用性、可理解和可读性。

3）环境条件适宜于学习。

4）施训者的水平达到教学标准。

5）训练开发和训练管理有效且高效。

6）共用的训练产品有效且高效。

（6）确保所有教职员工接受所需训练。

2.2.2　评价团队的构成

评价人员是独立的观察人员，在确保质量过程控制、优质产品提供中起着指导和帮助的作用。进行评价是一项团队工作，由起着项目领导作用的训练开发人员来指导。团队评价是完成这一过程的最有效方式。团队的建立需采用矩阵管理方法；团队成员包括项目领导、领域专家（训练开发人员、部队战士、教学训练人员、作业人员以及主管等）。根据评价的目的，团队其他成员可以变化（也就是说，特设团队是根据评价需求来建立的）。团队有以下几名主要成员：

（1）评价团队的评价人员主要由训练开发人员（评价专家）和其他领域的专家组成。

1）训练开发人员，即教学系统专家，通常负责该项目。他是评价经验的人，即为训练开发领域专家。

2）确保内涵型/技术型的领域专家是军事专业、专门领域或其他评价领域内的著名专家。

（2）选用著名专家是组建团队时的难点。专家有三个档次——入门级、熟练级和大师级。要保证有经验的训练开发人员和著名专家参加团队工作。

2.2.3　团队成员作用

每位参与评价的人员都是评价团队的一部分。训练与条令司令部（TRADOC）Reg. 350-70 第二段 3-4 提供了 TD 团队的基本组建方针。评价过程中需要各种各样的人，但是人员的数量和组合要根据评价的需要进行调整。

（1）评价团队作用。

评价团队应该保证评价：

1）涵盖SAT的所有要素。

2）确定是否进行了正确的训练、学员是否领会、是否有助于训练、是否达到部队训练要求、训练是否有效。

3）为决策者在各个层面提供支持。

4）是充分而全面的。

5）在技术上是正确的。

6）应用QC措施得到优质产品。

7）与训练与条令司令部（TRADOC）TD指南和政策是一致的。

8）满足里程碑要求。

（2）训练开发人员作用

训练开发人员是评价小组的关键成员，通常负责和管理内部评价（在支持的学校内部），以及根据评价目的领导外部评价。其作用包括：

1）使所有人员参与到评价过程，使其了解取得的成绩、遇到的问题、进展情况、变化情况及约束条件。

2）反应迅速。

3）及时提供结果。

4）适时、及时更新项目管理计划。

5）为团队成员如何履职提供指导。

6）为指定的团队成员提供评价培训。

7）对评价过程和评价结果提供质量控制标准。

8）为被评价的组织提供帮助。

9）进行基于标准的评价（而不是检查表式的）。

10）进行数据收集与分析，确认不足之处与高效之处。

11）针对实际或潜在的问题提供建议。

12）与其他有关组织共享已确认的高效之处。

13）帮助学校或评价中心进行自评工作。

14）确保所有纠正行为得以完成。

（3）领域专家（SME）作用。

领域专家（SME）是评价小组中内涵型或技术型的专家。该领域专家是或者应该是评价行动中的著名专家。无论是什么工作，训练开发人员、作战研究或分析人员、条例编制人员还是教学训练人员、著名专家都直接参与评价。SME特别要对技术内容的准确性和完整性以及内容的全面性负责。领域专家还负责团队领导赋予其的其他职责，如数据收集等。

（4）附属成员。

依据评价的目的，除了训练开发者和SME以外，评价队伍的组成还包括：

1）视觉信息专家。

2）装备保障人员。

3）安全员。

4）资源管理人员。

2.2.4　评价范围

评价人员应该例行评价陆军教育训练系统的产品、管理和实施的各个方面，包括以下方面：

（1）士兵、军官、准尉以及陆军部队的文职人员训练。

1）评价教学、标准化及考核目标的质量等，为学员有效训练做准备。

2）确保评价任务和训练任务纵横一体进行。

3）确保渐进有序训练。

4）评价个人训练策略和职业发展模式的质量。

（2）部队训练产品。

1）评价部队训练策略质量（长期和短期训练策略）。

2）审查部队合成训练策略、使命训练计划、操练、演练、作战训练保障包（TSP）、训练帮助、训练设备、训练辅助器材、设备、模拟器及仿真（TADSS）等，以确保满足以下要求。

•产品可用性。

•技术和条例内容的准确性。

•设计与开发与分析数据的一致性。

•有效的训练顺序。

•训练产品满足需求。

•安全性、环境和风险评估/管理等因素。

•所发现的不足得到纠正。

注：对于使命训练计划（MTP）、士兵训练出版物（STP）和训练保障包（TSP）的反馈可通过部队自动训练管理程序进行发送（即：标准的陆军训练系统/部队训练管理配置）。

（3）陆军合成训练策略。

陆军合成训练策略有：

1）陆军训练策略［只适用于训练与条令司令部（TRADOC）总部］。

2）部队长期训练策略。

3）部队短期训练策略。

4）个人长期训练策略。

5）个人短期训练策略。

6）自我发展训练策略。

（4）威胁。评价以确定学校是否遵守训练与条令司令部（TRADOC）规章中有关威胁的条文，就是说，确保在训练和 TD 领域中的威胁描述是有效的、准确的、一致的。

（5）条令开发。评价开发过程的组织、步骤和管理，以及条令与训练的一体化。

（6）学校评价系统。评价反馈系统及训练机构如何使用反馈来验证决策和变更。

（7）教学训练管理。评价教育和训练的实施管理。

（8）训练资源管理。

1）评价学校如何将资源与任务/训练要求很好结合。

•学生训练工作量达到标准。

•分配资源以保障指挥员和训练与条令司令部（TRADOC）的优先权。

•注意权衡以及权衡产生的影响。

•考虑有效性和经济性。

•将储备优先用于紧缺资源。

2）评价有关规划和预算、人力管理、弹药、装备以及设施等训练资源。

3）评价合同分配与合同管理。

4）评价人员分配和教职人员培训的管理。

（9）训练需求分析系统（TRAS）。确定训练机构管理 TRAS 如何更好实施，过程包括：

1）TRAS 文档的实施与更新。

2）里程碑计划的维持。

3）资源满足规划和预算的期限。

（10）训练过程的系统性训练方法。确保 SAT 过程中基本要素得到适当的应用。

（11）教职员工培训。评价教职员工的机构训练和开发程序的充分性与相关性。

（12）自动化系统提供以下需求：

1）支持者的操作需求。

2）无缝共享数据。

3）自动化系统便于操作。

4）多重帮助功能，包括程序的使用，技术支持，及嵌入式训练。

5）维持现有数据完整性的能力。

6）产品周期的关键数据库（通过 TD 自动支持系统获得）。

注：评价者必须与决策者经常沟通，且评价结果、评价结论以及提议必须是可信而有用的。

2.3 评价过程描述

评价工作将评估训练和 TD 的质量，评价人员通过应用"五阶段过程法"（计划编制、收集数据、数据分析、提供建议或结论报告，跟进建议以保证实施），分析部队和士兵的当前状态、训练产品、训练大纲及训练过程，以实施评价。该过程将产生有效可靠的结果以找到训练中的不足。评价结论通过指挥系统为正确的建议提供依据。评价结果可以确定有效和高效实施训练方案的领域。

（1）评价结果。

评价工作将确定：

1）训练和 TD 工作已经实现预定目的（如已经达到训练目标）。

2）训练对象合适（所有学员都属于目标对象）。

3）所有学生达到了规定入门标准。

4）资格认定合理，有资格认定数据。

5）TD 过程满足了分析、设计、开发和实施的最低基本要求。

6）训练产品满足部队要求。

7）士兵训练满足部队要求。

8）待训士兵得到了适当的训练量。

9）士兵没有接受过的训练。

10）士兵接受了不需要的训练。

11）训练机构遵循指挥训练和教育指南。

注：每个训练阶段的综述在本章节 2.3 的（2）-（6）。

（2）计划编制综述。

做任何事的第一步是合理编制计划，评价也不例外，而且需要进行全面的计划编制。一些日常的评价工作无需详尽的评价计划。如：进行一次课堂教学观察，审查一次测试，或分析一组学生的结课评论。对这些日常的评价工作，使用现有的标准操作程序或等效文档进行的过程即可。但是，大型的评价活动（比如，学校训练程序、产品或过程的深入评价），就要求有一个评价计划，或计划阶段的最终产品。这将在第 3 章详细讨论。

（3）数据收集综述。

数据收集过程包括：确定需要哪些类型的数据、收集什么数据（学生表现、学生反馈、审计跟踪、监督员、毕业生等）、从哪里收集的数据（数据源）、收集多少、怎样收集数据（方法、技巧、工具）。其次，构建和开发数据收集方法或工具，以收集相应的数据。最后一步是使用收集数据的手段或工具对数据进行收集。本部分将在第 4 章详细讨论。

（4）分析综述。

分析是一个回顾、综合、总结及处理收集评价数据的过程，用于生成与评价事项有关的初始结论。将大量的原始数据进行分析缩减成了一系列的初始结论。分析方法的使用取决于所收集的数据类型。本部分将在第 5 章讨论。

（5）结论报告和建议综述。

收集和分析完评价数据之后，下一步是确定主要结论和建议，一经确定，就撰写报告，内容包括：

1）参考文献。

2）背景/问题。

3）评价目的。

4）数据收集过程概述。

5）结论——主要结论、最终结论和建议。本部分将在第 6 章详细讨论。

（6）后续跟踪综述。

后续跟踪用来确定建议是否得到实施。这一阶段要在评价认可后一年之内完成。详细见第 7 章。

（7）反馈系统。

评价人员从学生、指导人员、士兵、教学训练人员、指挥官、训练开发者、组织机构等处收到反馈；同时也给他们提供反馈。所有的评价过程都是基于反馈的，不论是正式还是非正式的。非正式的反馈是未经请求而提供的信息，直接或间接地以口头或书面的形式传递给评价办公室。但是，正式反馈则是针对评价的某项具体内容，通过请求的方式，以特定的文件形式（如调查或问卷）进行传递。因此，反馈系统包括任何获取信息的工具和机制，还包括给相应办公室传输信息的方法和手段。评价者有责任确保反馈系统正常运作，并使评价结果回传给系统中对应的评价对象。正式或非正式的反馈，经过外部和内部评价，可以促使未来评价计划的形成。

第3章 评价计划编制

3.1 计划编制综述

本章介绍评价过程的计划编制阶段，帮助评价人员编制评价计划，制定评价主计划（MEP）、评价项目管理计划。缺乏周密计划和有效管理的评价将会使所收集的信息不可信（即，无效或无用）；要根据具体需要增加或减少附加的评价活动。质量保证办公室（QAO）对评价主计划和评价项目管理计划负责。然而，在计划编制过程中其他指导人员和部门的参与也很重要。

3.2 编制评价计划

评价的第一步是计划编制，这可能是最困难的一步。后续所有工作都将取决于评价概念建立的好坏，这会关系到思路、理念、直觉的表达。计划编制过程中，要对所有主要评价目标/对象、需求、资源和能力及其他因素进行评价，这些最终都要体现在评价计划中。进行评价之前，需要认真编制计划并形成正式文档，这样做的理由如下：

• 有助于确保评价的有效把握（即减少不必要的评价）。

• 聚焦评价目的，防止评价"偏离轨道"。

• 极力使评价人员通盘考虑整个活动所需的评价和计划。

• 确定并优化有限资源的使用。

•确保所有参与评价的人员有明确的职责。

（1）评价计划的类型

全面计划对于评价的成功实施很重要。评价的复杂性决定了需要编制计划的数量。日常评价不需要详尽的评价计划，但是学校训练方案、训练产品或过程的总体评价需要一个详细的评价计划。良好的计划编制最终会形成一份有效和高效的计划。评价计划开发分为以下两类：

1）评价项目管理计划由每项评价的计划组成。评价项目管理计划支持评价主计划（MEP）。这些计划可以是非正式的、简单的、非书面的（项目需求可能存在于数据库，而不是非正式的报告），也可以是正式的、非常详细的复杂的计划。JA350-70-4.3a提供了评价项目管理计划的格式，JA350-70-4.3b是制定项目管理计划的指南。

2）评价主计划是提供给下一个财年所有评价需要及未来3~5年的评价预测的计划性文档。评价项目管理计划中列出的评价需求包含在MEP中。联合兵种中心（CAC）、陆军入学司令部（AAC）、质量保证办公室（QAOs）、以及训练与条令司令部（TRADOC）各中心与学校都要在来年九月份之前为训练与条令司令部（TRADOC）总部（HQ）提供其评价主计划。中心、学校应当主动给CAC、AAC和QAOs发送他们的MEP复印件。训练与条令司令部（TRADOC）Reg. 350-70中这些计划是强制性的。工作辅助350-70-4.3c提供了评价主计划的格式。

（2）制定评价计划的步骤。

制定一项评价计划有六个主要步骤（见表3-1）。训练开发者按照这些步骤可以成功完成一次评价计划的编制。

表3-1　编制评价计划步骤

步骤	工作
1	确定需要评价的领域
2	明确评价的目的

步骤	工作
3	确定评价范围和可用资源
4	收集和研究与评价有关的信息（反馈和训练文献、教学计划、STP、TSP、评定任务列表）
5	开发并调整初步评价项目管理计划
6	开发并调整最终评价项目管理计划

注：评价计划（第5、6步）是编制评价计划的副产品。

（3）工作辅助。

工作辅助350-70-4.3b 为制定评价计划提供帮助。在依据这些规则制订计划时，该工作辅助不作为固有步骤，只是作为一个辅助来帮助设计评价。

（4）确定评价什么。

编制一项评价计划的第一步是确定评价什么？在给定资源下可完成哪些工作。工作辅助350-70-4.3b（步骤1）为评价内容的确定提供了指南。依据该指南的概述确定评价内容的行动，如表3-2所示。

表 3-2　确定评价内容的行动

步骤	工作
1	列出每年需要评价的所有相关领域，（即课程、训练开发组织、指导人员、过程、毕业生及毕业生管理人员等）
2	从上述范围中找出最近2～3年内没有评价的项目，并且通过反馈指出可能存在的问题
3	获得任何可能开始制定的或即将开始制定的书面文件
4	每年在可利用人员和资源的基础上，确定优先评价的项目（即，人数，完成评价的时间，完成评价工作所需的经费等）

（5）确定评价目的。

明确和描述实施每项评价的目的，这为经费的使用和时间的分配提供了依据。但应切记，并不总是需要预设评价目标和目的，因为这会限制评价。表3-3对为什么要进行评价的问题作出了总结回答。实施这些步骤的详细帮助，见JA350-70-4.3b（步骤2）。

JA对每一步都有解释，表3-3是JA的部分总结。

表3-3　确定评价目的的行为

步骤	工作
1	如果评价请求始于组织之外，就要对其中的原因、存在问题、事项或关注点作出恰当解释
2	与其他评价人员探讨关注点
3	对评价需求作初步说明
4	对未得到解决的缺陷或偏差所带来的影响作初步说明
5	以评价结果的形式，给出一个需要回答的问题清单
6	获得高级领导批准。给出初始建议：继续还是中断评价。如果中断，给出为何中断的书面备忘录。如果继续，给出请求POCs的书面备忘录
7	列举评价联系点和其他的联系点

（6）确定评价范围。

确定每项提议评价的范围。最基本的是细化评价的深度和幅度，任何一项评价的目的都是找出训练和/或TD的优势（可以共享）和不足，以进行必要的改进和修正。编制评价计划时，确保所获取的信息是充分的和适当的，以便为成功评价提供合理保证。实施这些步骤的详细帮助见JA350-70-4.3b（步骤3）。

一个评价范围的实例。当对某个特定学校提出的个别训练进行评价时，需要确定这个训练对该学校的影响程度。还要确定评价是否只包括一个STP、多个STP、还是所有个人训练产品（TSPs和课程计划）；一门还是全部课程；是否只有一个用于开发个人训练产品的组织过程；或者是否几个组织间存在标准化的过程。这样，对一门特定课程的评价就确定下来。下面是一个评价范围说明示例。

如：部件修理课程将于下一财年的3月到6月进行评估。评估包括：课程是否对现有的主要任务进行了训练，所有课程是否为经过批准的重要任务及是否具备技能性和知识性，考核是否有参考标准并且合理有效，教学训练人员是否具备资格且对课程文件中要求使用的所有器材进行了介绍，训练是否采用适当的训练策略，是否存在减少训练时间，同时还可以维持或提高训练标准的可能。承训机构利用评价结果来改进课程。

（7）研究或收集相关信息。

审查与正在进行中的评价相关的反馈和训练文档。虽然被设计成了一个独立的步骤，但其可以独自启动并贯穿于整个评价。表 3-4 是一项评价规划中本步骤的概述。工作辅助 350-70.4.3b（步骤 4）为这一步骤的实施提供了详细的帮助。

表 3-4 研究和收集相关信息的行为

步骤	工作
1	必要时，开始文献查询
2	确定评价标准，确保与目标相匹配
3	开始收集并审查训练反馈
4	开始收集并审查相关的教育和训练文献，如规则、手册、产品等

（8）开展文献查询和审查训练反馈可以帮助许多事项的确定。

1）原因/关注事项/存在问题或事件是否在事先得到确认（确定其是一次性情况还是有重复性趋势）。

2）原因/关注事项/存在问题或事件是否在事先得到研究。解决问题和事件所需要的信息是否已经进行了处理，这就减少已出现事情重复发生的可能性。

3）是否还有其他相关的事件需要作为评价计划的一部分进行评价。

4）是否还存在一些与训练的评价相关的研究。

注：反馈系统的建设和维护将会帮助机构组织不同来源的反馈。

（9）熟悉评价程序、过程。

收集和审查训练文献以熟悉拟评价的训练程序、产品或过程。工作辅助 350-70-4.3b（步骤 4）提供了一系列需要检验的各种训练文献的列表。这一步骤中，帮助收集现有文献需要回答的基本问题是：

1）是否有来自副指挥官或权威人士负责评价的书面任务？

2）是否有野战指挥官的书面意见？给出意见的野战指挥官是谁？谁记录了他的意见？

3）有没有标示战场问题的考察报告？

4）有没有指出训练或教育问题的其他文档？

（10）评价计划

评价计划的开发见 3.3。

3.3　评价项目管理计划

（1）评价项目管理计划回答的基本问题。

管理人员必须对完成评价项目和建立里程碑所需的资源有一个实际的估计，并把可获取的资源分配给项目。通过找出所有需要的数据/信息，指出收集、处理和分析数据/信息的方法并验证测量工具，评价计划就能做到这一点。这些计划回答了以下的基本问题。

1）为什么要实施评价？

2）评价要实现什么？

3）怎样开展评价？

4）谁实施和支持评价？

5）评价需要哪些资源？

6）评价什么时候能完成？

7）评价过程中使用了哪些参考文献？

8）谁将接收最终报告？

下面讨论评价计划的各个要素。这些要素可以加深对评价计划中所提到的基本问题的理解。

（2）评价项目特定关键要素。

所有的评价项目管理计划都包括一些特定的关键要素。上述每个列出的问题都关系到评价的成功与否。JA350-70-4.3b（步骤 5）讨论了每个基本要素。评价计划的要素以总条目的形式列在表 3-5。

表 3-5 评价计划的要素

步骤	要素
1	为什么要进行评价？ a. 原因、问题、事件、关注点； b. 影响
2	评价要实现的工作？ 局限性、设想、分析的基本要素、目标、目的
3	评价如何进行？ a. 数据收集、分析方法。 （1）保证相关数据的来源和数据收集、数据裁减及数据分析的一般方法。 （2）使用自动支持系统。 （3）有可能的话，使用计算机扫描表来收集和输入数据。 b. 数据报告和跟踪方法。 c. 评价标准的确定建立在评价目标实现的基础上
4	谁来实施和支持评价？ a. 评价代表。 b. 代表的责任
5	评价需要哪些资源？ a. 资源需求。 b. 支持需求
6	评价进度表是什么： a. 评价起始时间。 b. 评价完成时间。 c. 评价的关键要素
7	评价过程中使用了哪些参考文献？ a. 参考文献。 b. 相关的研究
8	反馈计划是什么以及谁将接收到最终报告？

3.4 计划的质量控制标准

作为 SAT 过程固有的一部分，训练开发/任务承担单位负责执行 QC 任务。在设计评价计划时，确保评价的选择正确，使计划的质量控制标准适应评价的要求。

（1）评价选择的领域基于以下一个还是多个。

1）找到不足或差异。

2）预定的评价。

3）来自内部或外部资源的请求。

（2）清晰陈述评价的目的。

（3）精确描述评价覆盖的范围。

（4）全面的文献查询以找到相关信息。

（5）完成的最终评价计划包括：

1）目的。

2）背景。

3）范围。

4）目标。

5）分析的基本要素。

6）方法。

7）评价建议和责任。

8）资源和支持需求。

9）时间线。

10）结果的反馈计划。

（6）在制订和修改评价项目管理计划时，相应地要修订主评价计划，使得主评价计划涵盖所有的评价项目管理计划。

第4章　收集评价数据

4.1　数据收集综述

本章主要讨论评价过程数据收集阶段中的一些内容，包括选择、使用以及说明一些数据收集方法。并对问卷调查、访谈设计以及观察数据的使用等方面提供指导。

4.2　数据收集步骤

评价计划编制阶段，要确定指导整个评价工作所需要的信息，同时确定如何收集这些信息。数据收集是为达到预期目的而进行的数据搜集、归类和准备等处理过程。要确定任何训练、训练产品或过程的价值，必须收集数据并分析。相关数据的来源应该是多方的，数据收集方法也要多样。常用的数据来源和收集方法有文档查阅、个人采访、小组座谈、调查问卷、考核或计时测验以及人员观察等。目的是收集充分的原始数据来确保成功的分析。采用的技术或工具则取决于需要收集的数据类型。表4-1是数据收集的一般程序指导。

（1）数据收集。

数据收集步骤的简要说明见JA-350-70-4.4a（不包括下文段落4.2c中所讨论的数据源）。所收集的信息是基于：

表 4-1 数据收集步骤

步骤	工作
1	审查需要收集哪些数据以及理由
2	选择数据源
3	确定数据收集技术与方法
4	必要时，起草文件： a. 选择要使用的问题和核查表类型； b. 制作问题 / 核查表； c. 对问题或核查表排序； d. 编排文件格式。
5	评价文件。同时进行试用；必要时进行修改
6	分发文件
7	收集原始数据

1）关注的领域。

2）必须回答的问题。

3）回答这些问题所需要的信息。

JA350-70-4.4a，段落 1a 提供了达到这种要求的一般性指导。

注：如果评价按照 TD 过程进行，就要以训练与条令司令部（TRADOC）个人训练手册中有关质量控制方法的条文为基础收集数据（即，分析、设计、生成、验证）。

（2）数据源。

收集关于训练效能和质量的数据是评价人员很重要的一项责任。为此评价人员要保证所获得的数据来源恰当。用于评价的可能数据源有：

1）陆军教学训练研究中心。

2）战斗训练中心循环反馈。

3）经验教训收集人。

4）内部训练审查报告。

5）管理人员反馈（调查问卷/调查表/采访）。

6）毕业生反馈（调查问卷/调查表/采访）。

7）学生反馈（调查问卷/调查表/采访）。

8）教学训练人员反馈（调查问卷/调查表/采访）。

9）部队指挥官反馈（调查问卷/调查表/采访）。

10）领域专家。

11）训练和教学训练人员的监测（调查问卷/调查表/采访）。

12）训练开发人员。

13）条令和作战开发人员。

14）实地考察或部队反馈。

15）将应进行的训练与已进行的训练（已批准的训练）做比较。

16）主动提供的反馈。

17）受训人员考核结果的分析。

18）评估和测试有效性分析。

19）乙方训练审查报告。

20）事故报告。

21）会议和研讨。

22）文档审查。

（3）数据收集技术。

有两种收集数据的技术方法，即定量收集法和定性收集法。

1）定量数据涉及的数量（多少）并以数字来度量。这种方法的使用最为常见。定量方法的特点是：

①客观的。

②可靠的。

③易于使用。

④较定性的方法更省时。

例如，一个运动员跑完 10 公里所用的时间就是量化的变量，因为它可以用来度量跑完 10 公里所用的时间量。

2）定性数据法，通常采用的是语言表述而非数字，可以认为是对某事物性质的感知。定性数据要么标明采样部队类型，要么将其归类。一般而言，这些数据是按照其性质、类型或特征加以识别和命名的；采用额定值来衡量（同意、不同意、或对调研文件没意见）。对定性数据进行分析时，其特点是：只分析这些数据占给定类别比例。例如，调查对象认为在开发ITPs时，有多大比例的训练开发者最有资格？

（4）数据收集方法的类型。

数据收集文件包括某类采用系统的、高度定义的方法而设计出的问题。JA350-70-4.4a中段落 1b 对这一要求提供了一般性指导。这些问题的目的是获得一致的数据，用于比较和总结，如果是定量数据还要进行统计分析。收集数据可以采用单一方法或合成的方法，从之前讨论过的数据源获得评价性数据。下面讨论数据收集方法。前四种的介绍比较详细，因为它们是最主要的方法。

1）问卷或调查可以从个人那里获得大量的信息（学员、毕业生、士兵的一线领导和教学训练人员），因为他们与正在接受评价的训练计划、训练产品或训练过程相关或受其影响。结构化的问卷在获取直接的事实信息方面最有价值；准备充分且管理妥善的问卷可以得到有效的数据。对毕业生或一线领导的问卷或调查比较合适的时间是课程结业后 6 个月。经过认真准备、严格分发、公正实施、客观分析的问卷可以提供以下有用信息：

①近期毕业生执行特定任务的能力。

②学员或毕业生感觉到教学不足的具体特性。

③毕业生实际从事的岗位详情。

④毕业生岗位上不需要的训练课程。

⑤其他需要分析的方面。

注：为进行外部评价，陆军研究所开发出调查表自动生成软件。该软件将在第九章详细讨论。

2）与问卷类似，采访也可以从个人那里收集信息，他们与正在接受评价的训练计划、训练产品或训练过程相关或受其影响。采访时，通常也要列出一些问题（即采访指南），口头提问这些问题，对回答进行录音。问题不一定有固定顺序，但应以系统化的、标准化的方法收集数据。根据参与者的反应（即，对后面提出的问题进行了全面的回答），问题顺序可能会调整，这就需要了解和理解这些问题。虽然，采访是信息收集中的一种经济、灵活的方法，但是，作为采访者应该保持中立，不能影响参与者对问题或答案的理解。然而，采访可使评价者对问题或事件有一个深入的理解。采访中也可以得到一些逸闻趣事，这可以让问题和事件变得更加鲜活。

3）在训练的实施过程中，观测数据可以确保训练按照正确的顺序进行，而且满足条件和达到标准。该方法还包括派遣评价者观察和采访士兵及其上司，直接观察与采访相结合可以提供有用的任务信息来源。在对训练程序、产品或过程进行观察时，JA（也叫工作表、观察表、检查表）有助于信息的收集。在观察训练程序、个人和部队表现、审查训练文档、产品或过程时，可以使用HQ训练与条令司令部（TRADOC）Form350-70-4-1-R-E提供的条文。利用这个表单记录TD训练管理和教学训练人员的观察数据。除了本手册最后有可复制的样式外，还有一个表格流程可以提供观测者使用，使其对观察进行数字化的记录。教职员工开发程序，也使用教学训练人员能力核查表，来评价基本教学训练人员的表现、课堂教学训练人员、视频远程教学训练人员、小组教学训练人员以及课后复习的情况。这些核查表见训练与条令司令部（TRADOC）Reg. 350-70第三章第4部分。

4）考核或定时测试能够测试学习者完成关键任务的能力，也能够测试其对基本技能和知识的掌握程度。考核结果也用来确定训练的效果和需要改进的地方。

5）学生批评。

6）教学训练人员问卷和采访。

7）训练文档或出版物的检查。

8）专家组评述。

9）工作能力评估。

10）重大训练演习。

11）岗位小秘书（注：支持岗位的一些辅助系统，包括文件以及一些辅助设备）。

12）报告（课程，评估或公司）。

（5）数据收集文件设计。

第二段给出了制作数据收集文档的详细指南。切记，在数据收集文件设计早期就要考虑如何进行量化打分，谁来打分，数据如何分析等问题。

1）问卷和结构化访谈的开发与管理。［见JA350-70-4.4a，段落2c至2e（4）］。

2）访谈补充指南（见JA350-70-4.4b和JA350-70-4.4c）。

（6）准备开展问卷调查或采访时，要应用以下准则：

1）所提问题在多大程度上会影响受访者展现自我？

2）所提问题在多大程度上会影响受访者参与到研究者想听到的和想发现的问题中来的积极性？

3）所提问题在多大程度上能使受访者提供他们不关心、也许可能不了解的信息？

问卷和采访条目的有效性受限于以上三个因素。。

（7）管理数据收集文件的方法。

一旦制作了数据收集文档，就要考虑由何人管理以及如何管理等问题（样本确定将在下节讨论）。可使用的各种方法列举如下：

1）邮寄问卷。

2）个人管理问卷。

3）电子管理问卷。

4）电话采访。

5）面对面采访。

6）视频电话采访。

在训练研究中无论使用了哪些数据收集文件，在毕业人员返回岗位满 6 个月后，都要将这些文件转至工作岗位、毕业人员或监管人员。

（8）调查表的样本大小。

比向高层领导提供精确数据更为重要的是，确定多少个完整的调查问卷才能得到一份可靠的报告。另外，要让高层领导相信知道收集的信息能够代表目标群体的意见。表 4-2 给出了确定调查问卷数量的步骤（JobAid350-70-4.4d有助于表 4-2 的完成）。

表 4-2　完整问卷要求的步骤

步骤	工作
1	确定目标群体
2	确定目标群体的人数，如果人数少于等于 200，就要对所有人员进行问卷调研
3	确定可以代表结果的置信水平，JA 推荐选择常用的置信度为 95%
4	确定可用调查问卷的使用率
5	确定需要发放问卷的数量

（9）标准抽样技术。

由于常常很难对整个群体的信息进行研究，评价者就要使用抽样的办法从群体中抽出一部分人来。抽样就是将注意力放在可以代表整体的某个部分之上。如果样本没有真正的代表性，所分析的数据就会有误。最常用的抽样程序包括：

1）简单随机抽样——随机选择群体中个体的一种采样技术，每个成员被抽中的机会均等。小组（样本）从大组（群体）中选择。

2）分层随机抽样——先将群体分类，然后利用简单随机采样方法进行数据采集的取样方法。分类通常是基于问卷调查的某些相关特征（即，年龄，训练水平，或性别）。

（10）原始数据收集

数据收集的最终产品就是原始信息。原始数据呈现的形式有：完成的调查问卷、采集指南、观察记录清单以及其他已完成的数据收集文件。

4.3　数据收集的质量控制标准

作为SAT过程固有的一部分，训练开发/任务承担单位负责执行QC任务。无论应用了哪种数据收集方法，都要确保：

（1）参与人员理解评价目的。

（2）数据源与提供恰当、切题、可靠的信息有关。

（3）合理设计数据收集文件以收集所需的数据。

（4）数据源所提供的信息恰当、切题、可靠。

（5）数据收集文件在分发之前生效。

（6）已经确定了合适的样本大小以收集充分的数据。

（7）已经使用了适当的采样技术对目标群体进行简单的或分层的信息采集。

第5章 分析评价数据

5.1 评价分析综述

本章对评价过程中的数据分析阶段进行了讨论，这有助评价人员通过分析结果找出评价趋势和系统性问题。主要包括审查、总结和分析原始数据，以及解读分析结果。

5.2 分析描述

分析过程就是将收集到的大量原始数据转化成可用的结果。简单地说，分析是回顾、总结和处理信息，以形成与评价事项有关的初步可靠的结果/建议（注：不要将这一分析与SAT的分析阶段相混淆）。

（1）对收集数据开始分析之前，要确保：

1）已经从充足而适当的样本数据源收集了数据。

2）已经收集了足够的数据样本来证实结果的可靠性。

3）特别关注受访人在问卷上所做的批注，或对问卷中补充问题的回答。

4）包含光圈效应（所有选项不分青红皂白都选肯定项）或集中趋势（所有选项不分青红皂白都选中间项）的数据要慎重使用。

5）自动分析的数据以易于处理的形式进行了收集。

分析数据的步骤如表 5-1 所示。

表 5-1　分析数据的步骤

步骤	工作
1	审查原始数据的完整性（确保数据可靠）
2	准备数据分析。将数据整理成一定的表格形式，避免在个人问卷或访谈指南中查找，这样可以确保统计到每个答复
3	将原始图片转换成百分数、比例、平均值、或其他易于理解的量化形式来分析数据。是否选择统计性的描述取决于数据分析的目的（在评价规划阶段就得以确定）
4	解读分析结果

分析的结果是一系列的初步结论，这些都会体现在评价报告中。

（2）评价人员会用各种方法来分析数据。

数据可以是定性形式（用语言表现），也可以是定量形式（用数字体现），收集的数据类型取决于评价的目的。以上都是在评价计划制定时确定的，这也最终导致评价计划的产生。

（3）确保数据有效并可靠。

多角度研究（利用多种方法研究同一对象）可以增强数据的可信性，提高有效性，尤其是对于定性分析结果。下面是一些会产生无效数据和不可靠数据的举例：

1）不同的数据收集人员进行座谈和观察（产生了不同的解释）。

2）如果不是由观察的评价人员作出的解释，对观察中的记录就会有不同的解释。

3）未完成的、不清楚的、费解的问卷调查答案。

（4）数据的完整性。

每次评价都要检查数据的完整性，尤其是涉及多个数据收集人员，调查问卷被邮递过，或采用了非结构化的数据收集方法。在没有较大把握确认数据收集方法时候，应仔细检查其完整性。审查数据完整性时，要保证：

1）回答是完全的——问题后面的空白可能意味着不知道如何回答、拒绝回答或问题并不恰当。

2）回答是可以理解的——或是数据采集人员对观察的书面反馈，或是调查人员提供的答案。

（5）数据的可信性。

确保采集了足够的数据样本，以证实结果的可靠性。审查数据有效性时要保证：

1）回答是一致的。有关同一主题的不同问题在同一个文件中要一致（用不同方式提问同一问题，看答案是否相同）。而且，采用等级量表对一系列项目量化时，要检查回答的模式，可能会发现受访者并没有认真严肃地回答问题。

2）回答是统一的。如果使用不同的数据采集器进行访谈或观察，那么要保证数据采集器是按照统一的步骤采集和记录数据。

3）回答是恰当的。如果回答的内容与评价目的或提出的问题无关，则放弃该答案。如果数据不完整则放弃该数据。

（6）整理数据。

总结数据时，对数据进行简单分析。

1）对大量定量数据进行总结时最简单和最准确的方法是采用自动统计软件。

2）准确而有效地总结定性数据要困难得多，JA350-70-4.5 提供了定性数据总结指南。

（7）数据分析前准备。

分析任何数据前，确保所有定量数据已经输入计算机，所有定性数据进行了总结分类。一定要记住分析这些数据的理由（即明确需要什么样的具体问题）。

（8）定量数据统计分析。

分析定量数据需要用到统计分析方法（注：统计只显示有关数据的事项，这些数据不可见）。有两类统计：

1）描述性统计仅给出数据的统计量，包括：

①均值——平均值。

②范围——极值。

③标准差（值的散布程度）。

2）推论统计通常通过随机过程给出群体的一些推论，包括：

①t检验——从两组不同的群体中采集数据给出某种推论。

②χ检验——将两个变量的观察或假设频率与期望或实际频率相对比，是一种常用统计检验方法。

③方差分析——是用于确定两组或多组数据、一个或多个变量、一种或多种因素之间是否存在显著均差的统计分析方法。

关于如何使用这些数据分析方法，这里不提供单独说明。如果评价计划要求使用不常见的统计分析方法，请咨询统计学专家或在统计学方面有经验的评价人员。

（9）解读分析结果。

采用易于理解的词汇解释数据的分析及结果。分析解读是评价阶段最难的一步。解释数据结果时要牢记评价的目的。对发现的所有趋势要加注，并包含在最终报告中。定性数据往往比定量数据缺乏客观性，但方法如果得当，又能提供很有价值的信息，在研究案例层面的问题和关系时更是如此。定量数据虽更具科学性，但需要统计操作方能得出结果。

同分析一样，解读统计结果时，可能用到不熟悉的统计程序和使用不熟悉的统计方法时，就请求统计学专家或更有经验的评价人员的帮助。

5.3　评价分析的质量控制标准

作为SAT过程的一部分，训练开发或任务承担单位负责执行质量控制任务。分析数据时，要确保：

（1）原始数据的完整性，核实回答的完整性和可理解性。

（2）核实总结数据的精确性。

（3）对所收集的数据类型进行恰当的数据分析。

（4）分析的结果转换成了有用的、准确的直接相关的建议。

第6章　准备评价报告

6.1　评价报告准备综述

本章为撰写评价报告提供了指南，研究得到评价的结果（评价过程的第四个阶段）。评价报告包括结果、结论及建议。本章对报告的准备、起草、分发及建议等方面有所帮助。

6.2　评价报告描述

评价整个过程中，正式和非正式报告都是一个不间断的过程，不要将其看作只是评价结束的产物。在评价计划阶段就要确定评价结果主要提供的目标对象，并按照其内容要求准备报告。报告应该简明扼要并最大限度地体现评价信息。报告总结了评价的结果（主要包括发现、总结和建议）。报告提交给高层领导作为决策依据。

6.3　报告准备步骤

评价者按照表6-1步骤执行。这就为准备评价报告提供了总的程序引导。

表6-1 准备评价报告的步骤

步骤	工作
1	准备报告草稿，包括结果、结论和建议。论述这些结果、结论或建议与评价目的关系
2	集体审查并通过报告草案。主要包括内部所有职员与有关组织一起对提议进行审核和协调
3	修改报告草稿为最终报告
4	获得对提议的最终批准。向支持机构（即决策者）提交报告，获得对最终报告的批准
5	发布报告或提议，采取相关措施

6.4 准备报告草稿

评价报告是总结评价结果（即发现、结论和建议）的重要文献。从结果推出结论，对每个存在问题的地方给出具体的处理意见。根据报告的使用方式、提供的目标对象及评价可能带来的影响，形成不同形式的报告。报告要尽可能简明，同时确保包含所有必要的信息。

（1）评价报告的类型与应用。

评价报告的长度和格式多样。考虑的因素主要是使用报告的对象、评价的复杂性及评价结果对该评价机构可能带来的影响。报告根据标准化通常分为两种类型：内容提要和详细评价报告。

1）内容提要。

内容提要是评价的大纲，要求对评价提议做出反馈。内容提要是为高层领导设计的备忘录，通常包括：

①背景。

②目的和目标。

③方法。

④主要结果、建议以及负责将这些提议付诸实施（或领导实施）的人。

⑤对建议做出回复的最后期限。

内容提要的报告。对于大多数评价来说，内容提要式的评价报告就足够了。将需要的支持性数据和文件归档保存，用以对结果进行解释和支持。

2）详细评价报告。

评价报告是冗长而又是正式的，是对上文内容提要式报告中的评价结果进行详细解释。在以下几种情况中需要一份详细的评价报告：

①接收评价报告对象在评价系统外，而且评价细节不能由评价者自己解释。

②评价对训练或训练资源将会产生重大影响。

③评价涉及复杂的数据收集或分析方法，这些方法需要解释并由数据支持。

3）除了内容提要中包括的条目外，详细报告还包括：

①内容提要。

②局限性讨论。

③假设列表。

④分析主要要素的证明。

⑤数据摘要附录，包含数据收集工具，评价计划等。

⑥一个备忘录，要求提议负责人和负责实施提议的组织取得协同。备忘录的格式设计类似于JA350-70-4.6a部分第五段内容提要的格式。详细评价报告的格式在JA350-70-4.6b部分。

（2）报告准备提示。

无论是准备内容提要还是详细评价报告，尽可能使报告简短。下面的建议对准备两种报告有帮助。

1）只包含目标读者需要的信息。

2）保持简单。

3）不要使用读者不知道的缩写。

4）不要以大幅度高于或低于读者阅读水平的方式撰写报告。

5）用简单的术语解释复杂的数据收集或分析方法。

6）撰写报告时一直要关注分析的基本要素。

6.5　集体审核并通过报告草案

（1）集体起草评价报告开始于该评价组织内部，然后延伸到其他相关组织。步骤如下：

1）在评价办公室内部，将报告草案分发给个人，对报告内容进行审查。

2）给主管提供一份报告草案的副本供其审查和批准。

3）确保主管签署备忘录，并将其分发给负责实施提议的各部门。（注：如果准备的是内容提要，主管就会在报告上签字。如果准备的是一份详细评价报告，主管就会在伴随备忘录上签字。）

4）将报告草案分发给所有与评价有关的单位和组织，对提议进行审核并同意（或不同意）。要求30天内作出回复。

（2）如果收到不同意的意见，就要在最终报告提交决策者之前，解决所有分歧。必要时，采用协商会议方式解决。

（3）如果还存在不一致意见，给决策者提交一份包含所有不赞成意见的解释报告，供其做最终决定。

6.6　提议最终获得批准

这一阶段，要将最终报告提交给决策者（即副司令员），以获得整个报告和个人提议的最终批准。

（1）交给决策者一份备忘录，附带评价报告以及集体起草报告时对人员配备结果的反馈意见副本。JobAid350-70-4.6c部分有这一备忘录的样本格式。

（2）决策者批准或不批准提议后，分发最终报告。

6.7 分发报告、提议并进行跟踪检查

这一阶段，最终报告分发给所有组织单位，由他们负责执行那些经过批准的提议，来自决策者的备忘录复印件也一并下发，证明同时分发的还有一份提议已得到最终批准。

（1）为各责任组织部门提供一个书面反馈的最后期限。

（2）反馈应该包括：

1）已经采取过哪些行动。

2）未来将要采取的行动里程碑（计划）。

（3）通知评价组织要进行跟踪检查以确保他们已经采取了行动，并提供预先确定的跟踪检查时间。

6.8 准备评价报告的质量控制标准

作为 SAT 过程固有的一部分，训练开发或任务承担单位负责执行质量控制任务。撰写评价报告时，确保：

（1）最终的评价报告以评价目标为焦点。

（2）最终评价报告至少应该包括：

1）结果。

2）结论。

3）建议。

（3）报告供给所有合适的组织机构。

（4）最终报告发布前获得主管部门批准。

（5）最终报告分发给所有相关组织（即所有负责执行这些经过批准的提议的组织）。

第7章 进行评价跟踪

7.1 评价跟踪综述

本章为如何进行后续的评价工作（评价过程的第5阶段）提供了指南。该阶段，要确定提议作为评价结果是否得到实施。本章有助于后续工作的开展，包括：

• 准备跟踪评价

• 进行跟踪评价

• 准备并起草报告

7.2 跟踪描述

后续跟踪有时被认为是评价过程最重要的部分，但又最容易被忽略。进行后续跟踪就是确定提议是否得到执行，这些提议是否使训练有所改进。该阶段应该在评价开始后的一年内实施。如果提议未被跟踪，就没必要进行评价。

（1）后续步骤。

虽然决策者已经同意评价报告的提议并签字，但并不能保证负责部门会执行。进行后续跟踪就可以保证提议的落实。表7-1是后续跟踪的步骤。

表 7-1　后续步骤的实施

步骤	工作
1	向跟踪系统输入行动里程碑（重要行动计划）。收集实施提议组织的反馈信息。将里程碑（各个重要行动计划）输入系统进行跟踪
2	进行后续跟踪确保落实提议的行动已经开始
3	准备并撰写跟踪报告
4	组织撰写跟踪报告

（2）将里程碑行为输入跟踪系统。

在撰写报告阶段，确定责任单位已采取的措施以及行动计划。开始跟踪，更新相关单位的信息，确定已经采取的行动状态和计划采取的行动状态并输入到跟踪系统。

（3）跟踪系统。

跟踪系统要求：

1）包含所有当前和将来要采取的行动计划。

2）数据收集实现简单的自动化。

3）有跟踪的预期。预期取决于里程碑计划、相关单位的政策以及实施跟踪的程序。

4）对所有采取的行动进行审核跟踪以作为评价结果。

（4）实施跟踪。

后续跟踪的目的是确保提议得到落实。如何进行跟踪取决于行动本身、现有资源及相关单位的政策。后续跟踪的主要目标是确保评价组织有执行行为，后续跟踪的主要内容包括：

1）会见组织相关人员。

2）观察训练。

3）审查训练文档。

4）检查训练记录。

（5）消除对已经采取或未采取措施认识的差异。

（6）如果相关单位的行动计划还没有落实，就作为新的里程碑输入跟踪系统。

（7）所有的纠正措施完成后，将其作为完整的行动录入跟踪系统。

（8）准备跟踪报告。将后续跟踪的结果写入跟踪报告。跟踪报告样本见JA350-70-4.7。报告应当：

1）针对每个提议都要采取相应行动。

2）简洁。

3）包括一个新的里程碑，如果需要做更多的工作。

（9）组织撰写跟踪报告。通知每个人将跟踪结果与跟踪情况制成文件。撰写跟踪报告主要面向：

1）负责执行提议的单位。

2）涉及的其他部门。

7.3　后续评价跟踪的质量控制标准

作为SAT过程固有的一部分，训练开发或任务承担单位负责执行质量任务。在进行评价的后续跟踪时，确保：

（1）将后续跟踪行为输入到跟踪系统中，此跟踪系统包括：

1）所有责任单位采取的所有措施。

2）验证行动完成的预计日期。

3）后续跟踪评价的预计日期。

4）作为评价结果的所有审核跟踪活动。

（2）提议得到落实。

（3）后续跟踪报告已经准备，详细说明针对每项提议采取的措施。

（4）跟踪报告提供给所有相关机构。

第8章 内部评价

8.1 内部评价概述

本章提供了内部评价的方法指南，内部评价包括对以下项目的评价：

（1）整个训练开发过程。

（2）学生学习。

（3）教学器材。

（4）人员。

（5）教学资源。

（6）实施。

（7）训练产品。

（8）管理人员和施训人员的教育和训练。

（9）老师的表现。

（10）设施要求。

（11）训练管理计划。

（12）TRAS 文档。

（13）训练支持产品。

8.2　内部评价描述

内部评价的目的是通过为决策者提供充分的高质量的数据来改进教学系统的质量和效能，决策者利用这些数据作出合理的具有充分数据依据的训练和教育决策。内部评价过程中，要从教育和训练教学系统环境中收集内部反馈和管理数据。周期性内部评价可以发现训练开发和教学系统的缺陷或问题，同样也可以发现优势和强项。与检查教学技术和教学方法相比，内部评价具有更高要求，是对教授内容和学员学习的质量检查。内部评价中，要对课程目标和训练环境中应用的标准、课程目标和课程开发文件中明确规定的标准进行对照。此外，还要对学校或中心的整个训练环境的控制以及鼓励学生到基层部队进行评价，以将训练开发过程的正确应用囊括在内。

（1）内部评价关注训练开发过程以及训练大纲中制定的学习度量方法，旨在持续改进教学质量和效能。

（2）实施地点。

如果要对SAT过程（即，分析、设计、开发、实施和评价）进行内部评价，就要在训练开发环境中进行评价。训练与条令司令部（TRADOC）相关手册中给出的质量控制将有助于完成这些方面的评价。如果要对训练实施进行内部评价，那么训练活动无论在什么地点开展都要进行评价。包括：

1）训练机构。

2）TASS训练营。

3）配发的学习设施设备。

4）部队。

5）家庭。

注：内部评价并不只是在驻地学校进行。

（3）内部评价目标。

按照 SAT 的标准，内部评价为学校和决策者提供了一种确保训练和训练产品能够正确开发和实施的方法。学校或决策者的职责包括：

1）确保所有训练和训练器材（即训练产品和大纲）的分析、设计、开发、实施及评价正确应用了系统化方法。

2）保留了能够清晰解释决策过程的记录或文档。

3）分析人员与学校或训练中心负责评价职能的人员已进行过沟通，以确保分析所需要的反馈数据在评价计划中得到确认。

4）训练开发和训练职能是有效率和效果的。

5）已经给适当的部门提供了任务清单，该清单来自于新的或改进的器材设备开发过程。

6）可以获得来自于集体训练需求分析的信息，如使命训练计划（MTP）和训练标准。

7）对包括适当 MTP 的集体训练大纲和训练标准进行开发，以支持承担训练的部队或组织。

8）管理人员和教职员工接受了与其职能相关的培训。其接受的训练最低程度上包括 SAT 概论和需要开设的教育及辅助技术课程。

9）教学基地利用适当的训练产品（例如 POI、教学计划/TSP）提供适当的或预期的训练。

10）教学系统以经济有效的方式培养合格的毕业生。

11）开发和实施训练及训练产品具有质量控制机制。

12）训练的目标已经实现。

13）基础设施（如 TD 设施、教室、车间、学习设施、工作岗位、训练区和有效范围等）为 SAT 的所有阶段提供充分支持。

8.3 内部评价过程

表8-1给出了内部评价的一般程序指南，以下主要步骤的方法过程在第3章到第7章进行了详细讨论。

表8-1 内部评价步骤

步骤	工作
1	准备内部评价项目管理计划
2	建立反馈渠道
3	准备或修改评价产品和过程的清单
4	观察训练和考核事件
5	准备和实施学生、教师、训练管理人员的问卷调查
6	收集和分析数据或信息（见第4章）
7	准备和配备起草评价报告的人员
8	提交最终评价报告
9	建议一致性检查
10	确定质量保证和质量控制的职责

（1）项目管理计划。

制定内部评价的计划在评价项目管理计划中有详细介绍。第三章给出了评价计划准备的指南。

（2）反馈渠道。

建立一个能够适当为个人或组织提供反馈渠道至关重要。为了检查和改进训练系统，连续评价和反馈非常关键。反馈有助于：

1）确保维护反映当前条例、条件、装备及程序的训练器材。

2）确保预定的教学目标已经实现。

3）为学生提供关于个人表现的信息。

4）尽早发现不合格表现或趋势，利于对个人帮助和纠正。

5）评估训练实施过程中采用的教学和训练方法的效能。

6）为单位的重点转变和稀缺资源分配提供信息。

（3）对照检查表。

在 JA8-4g 中，列出的是为评价产品和评价过程提供的帮助。

（4）数据收集。内部评价采用的数据收集技术在第 4 章进行讨论，包括问卷、调查、座谈、观察及测试等。

（5）分析数据。

第 5 章给出了分析数据的详细指南。除了第 5 章列出的程序外，内部评价数据的分析尤其应该包括以下方法：

1）审查教学计划（POI）和教学器材（例如，教学计划/TSP、教学训练人员指南、学生指南、其他教学器材），确定他们是否适时、充足并与大纲和器材要求一致。

① 将最终和可行的目标标准与教学计划中的标准进行比较，确定教学计划的要求是否实现。

② 将教学计划或训练支持数据包 TSP 与正在教授的课程进行比较，确定他们的一致性。

2）比较需要的训练资源要求与实际的资源，确定是否有足够的资源来支持、运作和维持教学系统。

3）审查教学训练人员的记录，确保其有资质教授教学计划规定的内容。

4）审查考核和度量数据，确定学生是否达到了最终或可行的目标。

5）分析考核和度量设备，确定其是否有效和可靠。

6）在 TD 各阶段使用 QC 表格和 Jas。

（6）为学校内部有关部门提供会影响训练开发过程的数据分析结果。

第6章给出了准备和提交报告的详细指南。

（7）后续工作。

确定内部评价过程中发现的不足是否得到纠正，这非常重要。第7章提供了评价跟踪的步骤。

8.4　内部评价需要考虑和审查的因素

内部评价有助于建立和维持期望的QA水平。因此对一个系统的关键因素进行过程内评价也就不为过了。根据评价环境和承训机构评价政策与计划，评价人员在内部评价期间需要对各种文档和数据进行审核，确保所有需要的数据能够保证内部评价的顺利实施。需要考虑的因素如下：

（1）需要检查的文档。

为确定是否需要训练，或部队环境的其他方面是否要需要解决的问题，需要评估训练记录，如人员管理、维修、后勤保障及装备可用性和可操作性。

（2）详细的目标人员描述（岗位分析时形成的），确保在开发训练和训练保障器材时能考虑到这些用户的特点。

内部评价应该核对分析、设计、开发和实施过程以及训练产品与目标人员的匹配程度，还要考虑战场的需求等。

（3）记录/文档以及数据采样，确定其与HQ训练与条令司令部（TRADOC）及单位政策和指导方针的一致性。

内部评价人员应该检查TD过程中具有重要"决策点"的文档，确保这些决策的科学性和有效性。这些包括但不局限于：

1）重要任务选择。

2）训练地点选择。

3）岗位能力度量描述。

4）训练方法和训练媒介选择。

5）测试、训练器材及课程生效。

（4）课程控制文档是用来确定计划课程与实际实施课程之间是否存在偏差，研究这些文件涉及的每门课程或程序。

（5）资源文档确保所有需要的资源可用且充足，推荐的纠正措施应该考虑系统的约束，评价活动确定是否：

1）设施可用且适用。

2）装备和训练设备以及供应可用，且满足系统要求。

3）人力资源可用（教学开发人员、教学训练人员、学员、课程软件维护人员等）。

4）有适当的教学时间（适当的课程长度和足够的上课时间）。

5）具有合理的经费维持一门课程。

（6）需要检查的其他方面。

下面给出的是几种收集内部评价数据的方法。

1）参观教学设施。

参观时间要足够，确保拥有代表性的样本来评估或检查。

①教学实施的质量。确保有足够的参观时间以便对整个课程的代表性样本进行观察。

②教学材料的拷贝，如老师和学生指南、工作手册以及参考资料的质量和可用性等。

③装备、训练设备、教学媒体及训练辅助设备的状况、运行情况、可靠性维护及适用性。

④教学文献的可用性和质量。

2）评价教学训练人员。

教学训练人员必须掌握教学系统的应用技术，而且他们的活动应该符合教学计划中明确规定的要求。确保教学训练人员所做的记录是最新的，能说明其完成过一定数量的在职培训和专门训练任务。

①教学训练人员按照教学计划和标准进行教学。

②教学训练人员正确使用教学媒体，发现学生存在的问题，满足学生的合理需求，具备教学资质。

③教学训练人员所做的记录是最新的，能够说明其按要求完成了一定数量的在职培训和特殊训练任务。

④教学训练人员评价表中所注明的不足已经得到纠正。

3）度量（考核程序）。

确保考核程序不会妥协。如果有所妥协，考核就不能提供学生表现的有用数据和反馈。为了避免测试受到影响，需要对考核和度量计划实行监控，确保考核和度量项目的质量以及学生表现，同时根据学生表现情况进行教学评价。考核和度量手段是学生对课程目标圆满掌握的绩效衡量方法。令人满意的度量程序应当是：

①为学生和教学训练人员提供一定的目标要求。

②通知每位学生在大纲目标中达标的进展程度。

③建立永久性的学生成绩记录，并且学生可以看到这些记录。

④确定任何需要补救的计划。

⑤找出没有达到课程标准的学生，以采取适当措施。

⑥提供反馈数据，针对教学系统制定一个恒定的质量控制检查措施。

注：监控考核程序是验证教学质量的重要环节，但它只是内部评价的一个方面，不能排除其他方面。如参观教室、检查装备是否充足，以及视听教具等。内部评价需要评价发生在系统运作过程中的所有活动。

（7）工作辅助。

JA350-70-4.8a 到 8d 提供了内部评价以下功能区域的 4 个核查表：

1）SAT过程（JA350-70-4.8a）。

2）训练机构/设施（JA350-70-4.8b）。

3）训练产品（JA350-70-4.8c）。

4）训练开发管理（JA350-70-4.8d）。

8.5　内部评价的输出

内部评价的输出资料包括以下方面及之后的纠正措施。

（1）各项报告。包括指出的缺陷、改正措施及对这些缺陷进行后续跟踪的情况。

（2）经济高效的个人训练、训练计划及训练产品。

（3）需求评估。

（4）使用数据提高受训人员的水平和修改学习材料。

8.6　内部评价问题/有关事宜

（1）问题产生的原因。

尽管在训练实施之前已经验证过教学系统，但是学生仍然可能在日常训练中面临诸多困难。管理人员、训练开发人员、教学训练人员以及评价人员需要不断地发现和解决这些可能出现的问题。包括：

1）教学训练人员没有按照教学计划进行教学。

2）POI在某些方面与正在实施的课程存在差别。

3）支持、运行和维持POI所需要的训练资源与实际配发的资源存在一定差异。

4）学生掌握最终可行性目标的训练资源不足。

5）训练器材与实际关联性不强：包括考核和度量设备、最终或可行性目标、训练任务中确定的教学内容和学习过程。

6）学生不具备要求的先决条件。

（2）管理问题。

适当管理是有效评价的关键，管理有责任保证将所有评价要素综合在一起进行考虑。内部评价特别关注问题的答案有：训练的作用？学生是否在学？训练开发过程是否应用？是否存在需要改进的方面？管理人员试图通过内部评价回答的问题可见JA350-70-4.8e。

（3）高层领导者的相关事宜。

内部评价过程中，可能会发现学校无法完全控制（如教室过于拥挤）的一些缺陷。缺陷的纠正可以依靠高层HQ的支持。这种情况下，使上层领导关注这些问题就比较重要，并向高层HQ进行汇报。要保留向高层HQ的报告记录以及他们对这些问题的反馈记录。

8.7　内部评价质量控制准则

作为SAT过程固有的一部分，训练开发或任务承担单位负责执行QC任务。进行内部评价时，要保证：

（1）及时准备内部评价项目管理计划，以影响资源需求。

（2）建立了反馈渠道，这些反馈渠道有：

1）涉及的部队和院校。

2）收集到的有用的和相关的数据。

3）向有关组织或人员发布的评价结果。

（3）完成了适当的JA核查表以支持评价。

（4）酌情对训练和考核项目进行观察，并与承训机构讨论改进建议。

（5）按照第4章的QC准则完成数据收集。

（6）按照第 5 章的 QC 准则充分分析数据，以得到切实可行的训练/TD 建议。

（7）按照第 6 章的 QC 准则准备评价报告，并分发给相关机构。

（8）与训练或 TD 的承担单位充分讨论改进建议。

（9）进行后续跟踪，确认承训单位采纳并实施了建议。

第 9 章　外部评价

9.1　外部评价综述

本章提供了外部评价的方法指南。外部评价涵盖的评价范围是，部队用到的教育／训练产品以及战士在接受规定的训练后执行任务的能力等。

外部评价确定战士是否能够达到岗位工作要求，是否需要接受所有的训练，或者是否还需要接受任何额外训练。该过程通过收集现场数据对毕业学员在工作环境下的岗位表现进行评估，并评估战士是否能够满足实际工作的能力要求。评估人员必须认识到那些调查问题的回答是特定部队管理人员和战士的观点，这些观点可能与战时或战场需求相关，也可能与和平环境和战时环境有关。同样地，对一个特定任务的现场执行情况，与其他文件要求的特定部队任务装备配置或作战能力进行比较是很重要的。

9.2　外部评价描述

（1）外部评价是确定所受训练是否能够满足作战部队需求的评价过程。

外部评价可以确保训练系统继续有效地培养满足规定岗位能力要求的毕业生。外部评价是一种质量改进工作，可以确保战士和训练产品能够持续满足规定的岗位能力要求，而且也可以持续改进系统质量。

（2）外部评价收集现场数据来评估战士的在职表现。

常常有一种错觉，认为外部评价是在承训学校外面进行的任何评价活动，这是不对的。外部评价是对战士和/或管理人员进行的一种评价，是对其个人完成一门课程之后，并已经在部队履行工作/职责时进行的评价。

（3）外部评价的目标。

外部评价有助于了解毕业学员满足岗位工作要求的程度。进行外部评价时，要弄清训练系统的优势和不足。外部评价有助于确定：

1）毕业学员满足实际工作岗位要求的程度。

2）是否提供的是实际不需要的训练。

3）是否存在没有提供所需训练的情况。

4）提高毕业学员能力和改进训练系统的途径。

9.3　外部评价步骤

外部评价的一般性程序指南（外部评价执行步骤）如表 9-1 所示。该过程依赖于工作环境（现场）的输入，以确定战士的工作表现程度。评价数据是从教学环境外部收集并分析的。

表 9-1　外部评价执行步骤

步骤	工作
1	准备外部评价项目管理计划
2	获得上层领导的批准 / 赞助，建立反馈渠道
3	准备观察和 / 或采访的寻访计划
4	针对预定研究准备工作说明
5	准备调研文档
6	管理调查问卷

续表

步骤	工作
7	收集数据 / 信息
8	分析数据 / 信息
9	准备评价报告
10	发布评价报告
11	建议的一致性监督
12	明确 QA 和 QC 的职责

9.4 部队训练评价

本手册中，在讨论部队训练评价时，训练与条令司令部（TRADOC）承训单位的关注点，是支撑部队训练的训练（条例）器材；目的不是评价部队，部队训练和熟练的评估一直是部队的职责。但是，训练与条令司令部（TRADOC）必须与部队密切协作，以提供支持部队评价工作所需要的产品（MTPs、STPs）。对部队使用的教育/训练产品的评价很关键，因为该评价可以确定集体和个人执行任务的效率，以确定训练产品。在部队进行训练和教育评价的目的，是改进训练和提高工作熟练程度。

（1）外部评价需要考虑的因素。

教育/训练产品（即，学生、产品等）的部队评价，可能需要对一个或多个要素进行评估，以确定效能和效率。需要考虑的因素包括：

1）承训机构的训练大纲和训练产品。

2）CALL 趋势。

3）来自部队的反馈（即指挥人员）。

4）对部队反馈的响应。

5）为训练开发人员进行需求分析所提供的反馈。

（2）战斗训练中心接口。

许多承训院校再也承担不起向部队派遣评价组评价训练产品正确性和有效性的费用。因此，战斗训练中心（CTCs）就成为这一信息的重要来源。CTC计划提供高逼真度和高强度的联合及合成武器训练，以及IAW陆军联合条例。战斗训练中心的轮训和评审，为集体训练反馈提供了非常有价值的资源，这些反馈可能会对确定部队使命、关键集体任务以及用于训练产品开发的集体任务分析数据产生影响。来自CTCs的任何反馈都将引发承训机构再次进行分析和修订产品。评价人员应该确保：

1）训练设定任务和部队训练产品从战术上必须是合理的，是基于已批准条令的，并且满足训练与条令司令部（TRADOC）Reg. 350-70 中 IAW的所有条款和SAT过程。

2）与CTCs相关联，以便收到部队任务训练的情况反馈。这些反馈能够根据训练与条令司令部（TRADOC）Reg. 350-70 和SAT过程，确定在开发或修订训练想定任务时的需要或要求。

3）通过对优先问题的详细评审，来确定条例、组织、训练、器材、管理及教育、人员、设施等方面的解决措施，来支持训练与条令司令部（TRADOC）的补救措施计划（T-RAP）（训练与条令司令部（TRADOC）Reg. 11-13）。

4）对陆军课程研究中心（CALL）的趋势审查（由CTC作战概念收集工作提供），并确保在适当时吸取训练和条例产品的经验教训。

（3）对照检查表。

JobAid350-70-4.9a 为外部评价的进行提供了帮助。

9.5　AUTOGEN软件程序

（1）描述。

AUTOGEN是提供给院校的一款界面友好、经济有效的自动调查表开发程序。可以使每个院校具有自己的调查表开发、数据收集及数据分析功能。AUTOGEN目前由两个模块组成；一个用于制作编辑岗位分析调查表，一个用于制作外部评价调查表。外部评价对于从毕业学员及其管理人员那里获得反馈至关重要，这些反馈要求来自于毕业后6个月的毕业生，旨在改进陆军教育/训练的质量。此外，这些反馈也有助于承训机构确保其训练能满足作战部队的需要。AUTOGEN可从网上（ARIAUTOGEN downloadsite）下载，密码qualityjob。

（2）提供AUTOGEN。

1）承训机构有能力在执行特定任务或军职专业（MOS）/专业领域（AOC）的野战部队中，直接高效地从现役和预备役士兵及其管理人员那里获取有效的个人任务执行数据。

2）能够获取执行频率和任务训练重点数据的支持模板和现任者背景信息。DCSOPS&T（负责作战和计划的副参谋长）批准的模板和现任者背景信息，即获取任务执行频度和任务训练重点数据。

3）承训机构有能力快速并高效地构建外部评价调查表，以评估所提供的个人教育/训练课程的效能和效益。

（3）ARI服务器。

陆军研究所已经提供了一个服务器，用于管理AUTOGEN生成的岗位分析和外部评价调查表。这个易用的网站仅需要和陆军研究所（ARI）进行最少的连接，就可以加载调查表和下载调查表答案文件（数据）。预计这种能力可以让现役部队（AC）、预备役部队（RC）及士兵很容易访问该网站，提高了他们的参与意识。可以利用ARI的服务器，也可以利用训练中心或学校的服务器来发布调查问卷。如果采用ARI的服务器来发布AUTOGEN生成的调查问卷，将自动生成问卷控制码，并提供给ARI。ARI服务器将自动维护（每天备份）调研数据及相关支持性文件。

（4）向AUTOGEN提出建议。

在每年五月一日之前向AUTOGEN程序指挥官提出建议，地址：佛吉尼亚州23651-1049，门罗堡芬威克路5号。HQ训练与条令司令部（TRADOC）和ARI的小组代表将根据需求和可用资源选择优先处理和提供资金。训练中心/院校会接到这些软件的变更/升级通知，这些可以从学校指定的AUTOGENPOC下载［先前通过HQ训练与条令司令部（TRADOC）下载］。只有满足所有院校、而非几所院校的建议才会予以考虑。

9.6　外部评价的输出

外部评价及后续活动的输出包括：

（1）各项报告，其中含有指出的缺陷、纠正措施及对这些缺陷进行后续跟踪的情况。

（2）有效而高效的个人和集体训练、训练计划及产品。

（3）需求评估。

（4）使用数据提高受训人员的水平并修改学习材料。

9.7　外部评价问题/有关事宜

（1）问题产生的可能原因。

外部评价过程中可能产生的问题包括：

1）标准考核没有对毕业学员满足履行工作要求的能力进行测量。

2）最终或完成的学习目标没有反映工作能力要求。

3）岗位和任务分析过程中没有正确鉴定工作能力要求。

4）岗位和任务分析完成之后工作能力要求发生了变化。

（2）管理问题。

适当的管理是有效评价的关键。管理对确保评价的所有部分成为一个整体负全面责任。外部评价要集中全力得到答案的问题有："我们的毕业学员以及训练支持产品如何?"、"还需要更改什么?"。管理人员试图通过外部评价回答的问题参见JA350-70-4.9b。

9.8 外部评价的质量控制标准

作为SAT固有的一部分,训练开发/任务承担单位负责执行QC任务。在进行外部评价时,要确保:

(1)及时准备外部评价项目管理计划,以影响资源需求。

(2)获得了高层领导的同意/资助。

(3)建立反馈渠道,以便:

1)部队和院校可以利用。

2)收集有用的相关数据。

3)向有关组织/人员发布评价结果。

(4)完成了适当的核查表和JA以支持评价。

(5)准备了数据收集文档,而且按照第4章的QC标准进行数据收集。

(6)准备并且执行了巡视计划。

(7)对数据进行了充分分析,形成了可行的训练/TD建议。

(8)准备了评价报告,并按照第6章QC标准要求提交给上层领导和有关组织。

(9)与训练和TD承担单位充分讨论提议的改进方案。

第10章 资格认定

10.1 资格认定概述

本章提供了对训练与条令司令部（TRADOC）所有指定和附属的训练机构的鉴定概述，以及训练中心和院校进行自评的方法指南。讨论以下几方面的自评标准。

（1）专业军事教育（PME）（即专业骨干规划）。

（2）初期军事训练（IMT）。

（3）战斗训练中心项目。

10.2 资格认定描述

资格认定是训练与条令司令部（TRADOC）司令官对训练机构的正式认可，可授权其承担（或继续承担）教育/训练任务。这是评价过程的结果，用于确认训练机构的训练大纲、过程、人员、管理、运行以及后勤保障（基础设施）能够按照课程标准实施训练，并确认训练机构始终按照训练与条令司令部（TRADOC）司令官的指挥训练指南和指令要求进行训练。对所有AC和RC训练机构的资格认定每三年进行一次重新评估。

（1）资格认定是一项质量保证（QA）职能，它可以帮助司令部确认所提供的教育和训练能够满足现有部队的目标和需求。

资格认定可以确保：

1）标准化的训练和训练产品符合条例要求，并且为部队制定正确的训练标准。

2）参谋人员、教职员工以及观察人员/控制人员接受训练以达到标准要求，并可开展素质教育。

3）承训机构的基础设施满足标准要求。

4）训练大纲能够提供相关的切合实际的训练，以满足对敌方部队（OPFOR）作战需求或通用作战环境（COE）的需要。

5）训练机构一直在努力满足现有和未来作战力量的训练和教育需求。

6）为高层领导人员提供有关重大训练问题的反馈。

（2）资格鉴定的方法。

由军队和地方教育专家组成的小组，进行所有的实地鉴定考察。但不要把这些实地考察仅认为是检查，小组还将为参谋人员提供帮助。目前，专业军事教育（PME）和初期军事训练（IMT）都是在承训学校、相关TASS训练营、陆军训练中心以及各士官院校（NCOAs）进行资格认定的。在资源充足时，资格认定还将包括一些实用课程以及陆军机构承担的其他训练。领导资格认定的机构有：

1）AAC司令官向训练与条令司令部（TRADOC）司令官提议对IMT的资格鉴定。

2）CAC司令官向训练与条令司令部（TRADOC）司令官提议对PME和CTC训练大纲的资格认定。

3）承训院校将继续对RC训练机构进行资格认定。

4）目前，陆军士官学院将继续对高级士官和普通士官课程的第一阶段以及所有初级军官发展课程进行资格认定。鉴定工作的重点是训练的执行、训练保障、承训功能、指挥训练的指南和指令。CTC计划资格认定的重点在于作战小组（行动小组）、OPFOR/COE、TADSS以及训练设施等。

（3）合格鉴定的行动纲领。

训练与条令司令部（TRADOC）资格认定大纲，确立了对IMT和PME以及CTC项目资格认定的评价政策、步骤、目标和职责，以对CTC项目的资格认定。评价这些程序的标准包含在这些大纲之中。

（4）标准指南。

标准指南包括训练与条令司令部（TRADOC）资格认定标准——带有附注、评价标准、强制性的评论、评价人员和训练机构参谋人员准备进行资格认定的指导等。有两类不同的资格认定标准指南，一类用于IMT和PME的自评与鉴定，另一类用于CTC项目的资格认定。IMT/PME资格认定标准指南为正式进行的鉴定评价提供了基础。资格认定指南的CTC项目，则是针对CTC需要接受评价的四种核心任务分别给出了标准指南。

（5）合格鉴定标准的评价。

HQ训练与条令司令部（TRADOC）Form350-70-4-2-R-E，即资格认定标准评价记录，是一种适用于所有已批准评价标准的表格，但是不适于对评价结果的每一项进行资格认定。本手册的后面有该表格的复制版。资格认定标准指南中的基本说明附有关于特殊标准评价的详细说明。

（6）认证报告格式。

有多种形式的资格认定报告，或来自其他机构、或由小组负责撰写。包括：

1）由HQ训练与条令司令部（TRADOC）准备的训练机构资格认定状态通知备忘录。该备忘录以CAC和AACQAOs的建议为依据，将会告知训练机构其资质水平（即状况）。JobAid350-70-4.10a提供了资格认定状态通知的示例格式。

2）训练中心/院校的QAOs负责RCTASS训练营的资质认定。他们会为其指挥官提供一份含有资格认定结果和资格认定状态提议的备忘录。该类报告的模板见JA350-70-4.10b。

3）承训院校的校长将为RC训练营的司令官提供一份备忘录，授权认可其资质状态。

JA350-70-4.10c 中有备忘录的格式示例。

10.3 自我评价描述

训练机构进行自评的目的是确保已经达到 HQ 训练与条令司令部（TRADOC）规定的标准。自评过程以 HQ 训练与条令司令部（TRADOC）制定的资质认定标准和指南为依据。

（1）自评是训练机构在官方的资质认定考察之前对自身情况进行的评估。

自评的作用有：

1）展示机构达到了 HQ 训练与条令司令部（TRADOC）制定的资质评定标准。

2）对训练机构的表现给出全面、透明、客观而批判性的评价（优势、劣势、面临的挑战），和具体的改进建议。

3）将超出训练机构范围的高层问题向适当级别的指挥部门提出。

4）找出维持优势、纠正弱点和提高训练的途径。

5）分析训练机构完成任务所耗费的资源及产生的效能。

6）自评作为衡量未来十年的发展基线，为训练机构的规划和改进提供合理的依据。

7）证实学员在完成训练计划中的表现、能力及成绩符合培训机构颁发的资格证书、文凭及学位。

（2）自评程序。

在资格认定考察之前，教育/训练机构将依据资质认定标准指南完成自评。JA350-70-4.10d 为自评的准备、实施和自评报告的撰写提供了详细的指导。每门课程都要完成三年一个周期的自评。

（3）自评附函和自评报告。

资格认定工作正式开始前的 60 天，要准备自评报告并提交给资格认定小组。报告要写明自评结果。内容包括训练机构的优势和缺点、不足之处、行动计划以及HHI等。还要提交一些资质评定小组需要的其他文件。JA350-70-4.10e中有自评附函和报告的格式。

10.4　资格认定的质量控制标准

作为SAT过程的一个固有部分，训练开发/任务承担单位及训练机构实施质量控制措施。在进行自评并提供自评结果报告时，要确保：

（1）把以往的自评结果考虑在内。

（2）训练机构各个层面的人员都要参与自评。

（3）自评报告一定要明确指出优势、不足及面临的挑战或困难。

（4）自评报告要包括改进建议。

（5）自评报告要包括JobAid350-70-4.10e中的所有信息及文档。

（6）属于高层问题要上报到适当的管理部门。

附录A 参考文献

A-1 所需出版物

训练与条令司令部Reg. 11-13

训练与条令司令部（TRADOC）补救措施计划（T-RAP）

训练与条令司令部Reg. 350-70

训练管理、训练过程和训练产品的系统方法

A-2 有关出版物

AR5-5 陆军研究与分析

AR10-87 美国主要陆军司令部

AR25-55 陆军信息行为规划自由部

AR200-1 环境保护和增强

AR310-25 美军陆军术语字典

AR310-50 官方缩写、简代码和首字母缩略词

AR340-21 军队保密计划

AR350-1 陆军训练

MIL-HDBK 29612-1A 训练数据产品和服务获取指南

注：这是由四部分构成的国防部（DOD）手册的第一部分，支持MILPRF（29612B）（训练数据产品）和与其相关的（数据项描述）DIDs。

MIL-HDBK 29612-2A 训练系统开发/训练和教育的系统性训练方法

MIL-HDBK 29612-4A 关于训练的词汇表

TRADOC Reg.385-2 训练与条令司令部（TRADOC）安全程序

A-3　规定表格

HQ训练与条令司令部（TRADOC）Form350-70-4-1-R

观测表单

附录B SAT过程

B-1

SAT过程涉及5个相关的训练阶段：评价、分析、设计、开发及实施。每个阶段及开发的产品都要满足"最基本的要求"。表B-1描述了SAT的五个阶段，以及训练与条令司令部（TRADOC）Reg.350-70中关于每个阶段的具体章节。

表B-1 SAT过程

阶段	描　述
1. 评价	a. 评价——本手册的重点，训练开展得如何、军事人员／部队履职如何、产品对训练的支持如何，评价为这些问题的确定提供了相关手段。运用该过程可以： （1）判断缺陷和改进措施，继续查找缺陷。 （2）确保陆军提供了经济有效的个人和集体训练、训练计划及训练产品。 （3）确保提供的是正确的训练课程／产品。 （4）对训练机构进行资格认定。 （5）为教学训练人员颁发合格证书。 （6）确定训练是否满足战场需要。 b. 更多有关评价的信息见训练与条令司令部（TRADOC）Reg.350-70第三部分
2. 分析	a. 训练分析 为确定训练需求、参训人员以及接受训练的重要任务［集体和个人（包括领导）任务］、支持性技能和知识提供了方法。 b. 每一种类型的训练分析目的如下： （1）需求分析。 针对工作中的不足提出训练与非训练解决方案、改进训练的要求以及 TD 要求。有关需求分析的更多信息见训练与条令司令部（TRADOC）Reg. 350-70 章节 VI-1 的 IV 部分。 （2）任务分析。 提供部队任务和关键的共同任务清单。这些活动是陆军部队训练的基础。 （3）集体关键任务分析。 提供集体任务的执行规范，并明确了作为重大集体任务一部分的个人任务。有关集体重大任务分析的更多信息见训练与条令司令部（TRADOC）Reg. 350-70 章节 V-2 的 V 部分

阶段	描　述
	（4）工作分析 提供经司令部批准的重大任务，包括特定岗位、特定范围、集体个人任务矩阵。这些任务是军队个人教育 / 训练的基础。有关工作分析的更多信息见训练与条令司令部（TRADOC）Reg. 350-70 章节 V-1 的 VI 部分。 （5）个人关键任务分析。 提供了个人任务的执行规范，包括任务执行的绩效标准、STP 任务汇总数据、个人 - 集体任务执行矩阵模式和个人 - 技能 / 知识关系矩阵模式。有关个人重大任务分析的更多信息见训练与条令司令部（TRADOC）Reg350-70 章节 VI-2 的 VI 部分
3. 设计	a. 训练设计提供了教育 / 训练开展的时间、地点和训练方法。利用这一过程可以： （1）确立联合兵种训练策略（CATS），长期和短期的部队、个人及自我发展训练策略 / 里程碑。 （2）设计经济高效的教育 / 训练产品，如个人训练课程 / 课件、TADSS/TSP 及操练。 （3）制定学员行为度量标准，如测试、学员评价计划等。 （4）确定实施教育 / 训练需要的所有资源。 b. 有关训练设计的更多信息见训练与条令司令部（TRADOC）Reg. 350-70 章节 VI-2，IV-3，IV-4 和 IV-7
4. 训练开发	a. 训练开发在训练设计的基础上，提供了开发合格教育 / 训练产品的方法。利用这一过程可以： （1）研发教育 / 训练器材，如课程计划、TSPs、训练媒体 / 训练辅助手段、设备、模拟器及仿真方法等。 （2）确认教育 / 训练器材的有效性。 （3）再生产教育 / 训练产品和器材。 （4）获取训练资源。 （5）准备教学管理人员、训练管理人员、参谋人员、教职员工及骨干进行教育 / 训练工作。 （6）准备设施和装备。 b. 有关训练开发的更多信息见训练与条令司令部（TRADOC）Reg350-70 第 V 和第 VI 部分
5. 训练实施	a. 对战士和 DA 文职人员进行标准化的教育 / 训练。这一过程用于： （1）部署教育 / 训练器材。 （2）安排教育 / 训练日程计划。 （3）管理教育 / 训练的执行，包括控制训练进程、保持训练记录和训练后审查（AAR）。 b. 关于训练实施的更多信息见训练与条令司令部（TRADOC）Reg350-70 第 VII 部分

B-2

可以从各种角度来解读SAT过程。用两种图形来演示SAT过程，即SAT各阶段集成（图B-1）和SAT金字塔（图B-2）。

SAT金字塔（图B-2）表明SAT模型的每个阶段是如何建立在前一个阶段之上的。尽管各阶段互为前提，但这并非一定是线性过程。不要求所有阶段按顺序执行，可以根据需要直接进入其中任一阶段。该过程是一系列持续的分析、设计、开发、实施、评价行为，并在任何一个阶段都可以修正，以保持训练产品通用和有效。

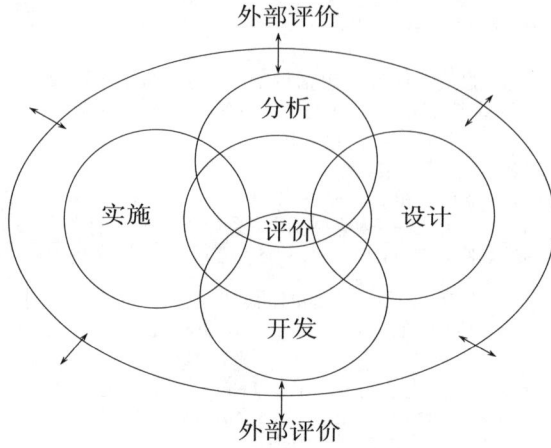

图 B-1　SAT 各阶段集成

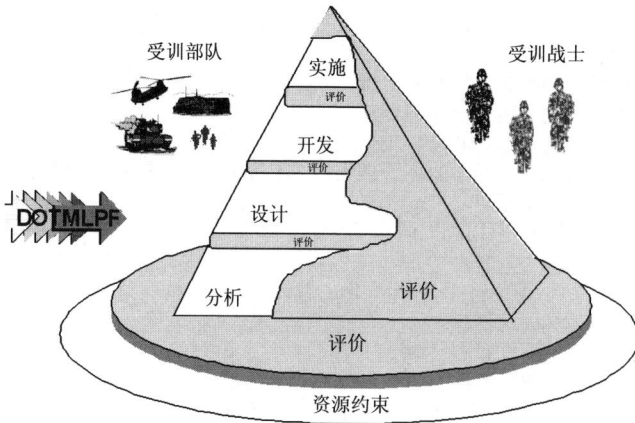

图 B-2　SAT 金字塔

B-3

TRADOC 最重要的产品是完成训练任务的士兵、指挥员和部队，训练有效果且实用。有关 SAT 过程的完整描述和各种 SAT 产品之间的关系图见训练与条令司令部（TRADOC）Reg. 350-70 执行概要。各种 TD 过程流程图见训练与条令司令部（TRADOC）Reg. 350-70，附录 G。

附录C 教师绩效评价

C-1 章节概述

a.简介。

本章提供以下项目的评价标准：

（1）基础教师绩效——这些标准适用于所有教师，无论方法、媒体或训练场地。

（2）课堂教师绩效。

（3）视频远程训练（VTT）绩效。

（4）小组教师绩效。

（5）行动后讲评（ARR）的准备与实施。

注：每一项评价表在本章后均可找到。

b.本章索引。

本章包含内容如表C-1所示。

表 C-1 教师绩效评价内容

内　容	章　节
教师评价标准——所有教师	C-2
基础教师绩效考核表	C-3
课堂教师绩效考核表	C-4
视频远程训练（VTT）教师绩效考核表	C-5
小组教师绩效考核表	C-6
行动后讲评考核表	C-7

C-2 教师评价标准——所有教师

a.基础教师绩效。

以下标准应用于所有教师，不论训练是在传统班级、小组环境或是通过视频远程培训进行。基础教师绩效评价表在Ⅲ-4-3中描述，考核表中包含更详细的评价标准。为了达到合格的绩效标准，教师必须：

（1）实施风险控制措施（管理）。

（2）确定（强调）最终学习目标。

（3）展示技术或是战术能力。

（4）介绍教学。

（5）展示学习步骤或活动。

（6）解释工作绩效与任务、训练活动的关系。

（7）提出（产生）问题/获得反馈。

（8）使用训练帮助支撑学习。

（9）确保所有学生看到和听到所有活动内容。

（10）展示可接受的个人表现。

（11）展示基本的表达技能。

（12）采用合适的提问技巧。

（13）促进学生表现。

（14）展示尊重他人的行为。

（15）提出小结和最终的结论。

（16）展示训练资源的有效管理。

（17）进行AAR（课后回顾）。

b. 课堂教师绩效。

这些附加标准适用于课堂环境下的教师。课堂教师绩效考核表可以参见 Ⅲ-4-4。除了基础教师绩效，课堂教师必须：

（1）管理课堂训练环境，提升学习氛围、舒适度、安全性和卫生状况。

（2）根据单位规定保留访客登记册。

c. 视频远程培训（VTT）教师绩效。

这些附加标准用于通过远程视频培训的教师，视频远程培训教师绩效评价表参见 Ⅲ-4-5，除了基础教师绩效，视频远程培训的教师必须：

（1）视线不要离开摄像机。

（2）高效的操作媒体。

（3）开发和使用有效的视频辅助设备。

d. 小组教师绩效。

这些附加标准用于进行小组训练的教师，小组教师绩效考查表可以参见 Ⅲ-4-6，除了教师基础绩效，小组教师必须：

（1）展示 3 个小组角色。

（2）在体验式学习周期中促进小组成长。

e. AAR 教师绩效评价表

这些标准应用于所有教师，AAR 绩效考查表参见 Ⅲ-4-7，除了基础教师绩效和相应适合的标准，教师必须：

（1）准备 AAR 提纲。

（2）准备 AAR 训练场地。

（3）介绍 AAR 的目的。

（4）呈现应该考虑的训练活动。

（5）促进学生参与。

C-3 基础教师绩效考查表

为了达到满意的评级，对于教师行动 1 到 3，教师必须达到全部"合格"的评分，对于教师行动 4 到 17，收到的"不合格"评分不能超过 3 个。基础教师绩效考查如表C-2所示。

表 C-2 基础教师绩效考查表

教师行动	合格	不合格
1. 风险控制措施（"a"到"d"为必须合格项目）。 a. 提供训练安全风险警告。 b. 明确高风险评价等级。 c. 强调环境危险。 d. 危险情况出现时停止训练或测试		
2. 最终学习目标：规定行动、条件和标准		
3. 技术和战术能力（"a"和"b"需要达到"合格"评分）。 a. 回应有关目标的标准问题。 b. 进行适时的示范和练习		
4. 介绍（"a"到"d"需要达到"合格"评分）。 a. 使用激励措施。 b. 解释： （1）工作中训练和任务绩效的不同。 （2）如何评价绩效。 （3）任务的重要性。 （4）风险评价的等级。 （5）环境保护的考虑。 c. 定义新术语。 d. 提供训练安全和工作安全警告及警示		
5. 学习步骤 / 行动（"a"到"f"需要达到"合格"评分）。 a. 解释和 / 或重复提示。 b. 分步展示各部分的步骤。 c. 提问。 d. 解释关键点。 e. 涵盖教学计划内容。 f. 应用： （1）逻辑序列。 （2）平滑过渡		
6. 工作绩效内容：解释士兵在工作环境中实现的绩效与训练任务的关系		

教师行动	合格	不合格
7. 提问与反馈（"a"到"e"需要达到"合格"评分）。 a. 每个学员 3 到 6 分钟的时间。 b. 提问或回答问题。 c. 停止讨论。 d. 要求反馈。 e. 调动所有的学生的积极性		
8. 训练辅助器材（"a"和"b"需要达到"合格"评分）。 a. 确保训练器材和设备是可用的。 b. 使用： （1）恰当使用训练辅助器材和设备。 （2）清晰和合适的可视化教具		
9. 提高学员的视听能力（"a"和"b"需要达到"合格"评分）。 a. 询问学生是否能看到、听到教学内容。 b. 调整学员不能看到或听到的位置和内容		
10. 个人形象：展示特别认真的表现，举止自信、热情、不慌乱		
11. 基本沟通技能：运用恰当的肢体语言、动作、交流能力（清晰的发音，合适的语音、语调和节奏，正确的语法，精炼的词汇，少用粗俗的语言）		
12. 提问技巧：在实践练习或一对一问答环节运用"问—停—答"技巧(也叫"提问—暂停—发言"技巧)		
13. 促进学员表现：（"a"到"c"需要达到"合格"评分）。 a. 提供频繁的"学习检查"和练习的机会（在测试前通常超过 50% 的模块或课程）。 b. 组织进行练习环节，包括： （1）最好的方法（纠正示范）。 （2）与工作绩效密切相关的学员活动。 （3）分部分练习。 （4）形成学员技能。 （5）需要的时候提供专业的个人帮助。 （6）解答学生疑问。 （7）实时纠正和表扬。 （8）危险情况出现时及时停止练习。 c. 进行绩效测试，包括： （1）测试条件的准备。 （2）向学生简要介绍。 （3）绩效关键的描述。 （4）除非出于安全因素的考虑，不打断学员表现		
14. 尊重的习惯：不流露贬低、嘲笑、下流或性别歧视 / 种族主义的表现		

教师行动	合格	不合格
15. 教学总结：进行期中小结和期末总结		
16. 训练资源管理（"a"到"d"需要达到"合格"评分）。 a. 确保充足的材料和资源。 b. 保持课堂的控制。 c. 管理捣蛋的学员。 d. 合理的使用教学时间		
17. 事后讲评：在野外训练、实践练习、测试模块之后进行事后讲评。 注：教师事后行动回顾绩效评价表参见Ⅲ-4-7		

C-4　教师课堂绩效评价表

为了达到一个满意的等级，教师必须获得所有对他们"合格"的评分。教师课堂绩效评价如表C-3所示。

表 C-3　教师课堂绩效评价表

教师行动	合格	不合格
1. 训练环境（"a"到"j"需要达到"合格"评分）。确保课堂符合安全、舒适、卫生的标准，包括： a. 通风。 b. 亮度。 c. 温度。 d. 噪声等级。 e. 干扰情况。 f. 放置明显的安全标志。 g. 安全设备的可用性及使用。 h. 观察站的布置。 i. 清洁。 j. 实施计划活动充足的空间。		
2. 访客登记簿：保持访客登记簿与本单位要求一致。		

C-5　教师视频远程培训绩效评价表

为了达到满意的评级，视频远程培训教师必须取得对他们所有的三项教师行动"合格"的评分。教师视频远程培训绩效评价如表C-4所示。

表 C-4 教师视频远程培训绩效评价表

教师行动	合格	不合格
1. 视线交流：与主摄像机形成并保持恰当的目光交流		
2. 媒体操作：熟练操作远程视频教学设备		
3. 有效的可视化教具（"a"到"e"需要达到"合格"评分）。开发和使用可视化教具要求： a. 清晰。 b. 与目标相关联。 c. 展示连贯的可视化设计。 d. 展示合适的语法和拼写。 e. 符合电视限制		

C-6 小组教师绩效评价表

为了达到满意的评级，对于两项教师行动，小组教师必须获得所有对他们"合格"的评分。小组教师绩效评价如表 C-5 所示。

表 C-5 小组教师绩效评价表

教师行动	合格	不合格
1. 小组角色（"a"到"e"需要达到"合格"评分）。教师扮演： a. 主题领域专家角色。 b. 引导者角色。 c. 观察者角色		
2. 体验式学习周期（"a"到"d"需要达到"通过"评分）。各 ELC 阶段的促进学习小组，包括： a. 惩罚阶段。 b. 进步阶段。 c. 总结阶段。 d. 应用阶段		

C-7 事后讲评（AAR）绩效评价表

为了达到满意的评级，小组教师必须取得所有对他们"合格"的评分。事后讲评（AAR）绩效评价如表 C-6 所示。

表 C-6　事后讲评（AAR）绩效评价表

教师行动	合格	不合格
1.AAR 概要。确定内容提纲		
2. 训练场所准备。准备合适的房间或训练场地		
3. 介绍（"a"到"c"需要达到"合格"评分）。陈述： a.AAR 目标。 b. 训练目的。 c. 场地规划		
4. 陈述（"a"到"c"需要达到"合格"评分）。陈述训练项目按时间先后顺序进行，促使学生讨论每个项目，包含： a. 观察到了什么。 b. 什么是正确的（例如：什么是成功的）。 c. 可以／应该采取什么不一样的措施		
5. 促进作用（"a"到"d"需要达到"合格"评分）。 a. 向学员提问涉及的问题，并引导他们陈述清楚。 b. 列出所有讨论的观点。 c. 总结 AAR 重点。 e. 使学生专注于 AAR 的活动和目的		

附录D 部队训练评价

D-1 概述

a.概述。

本章描述了部队训练评价的政策和要求，并为TDADOC训练/训练开发（任务）的支持者（以下简称责任单位）提供了部队训练评价指导。总体评价计划政策和向导参阅第III-1章，评价和质量保证计划的说明和要求。CTC相关的评价反馈参阅第V-8章，战斗训练中心（CTC）TD接口。

b.本章索引。

本章包含内容如表D-1所示。

表 D-1 部队训练评估内容

内容	段落
行政信息	D-2
训练评价	D-3

D-2 行政信息

a.目的。

部队训练评价是用于识别和纠正发生在部队中集体和个体的任务表现及产品缺陷的

过程。

注：虽然部队训练评价的目的是提高部队训练和任务绩效水平，但是TRADOC责任单位关注的部队训练评价的重点，是在提供保障部队训练的物资而非评价部队。

b.参考资料。

所需的常规参考资料如下：

（1）AR 350-1，陆军训练

（2）AR 350-41，部队训练

（3）本规则

（a）第III部分，评价和质量认证。

（b）第V-8章，战斗训练中心（CTC）TD接口。

（c）第V-9章，集体训练管理。

c.定义。

训练开发（TD）的相关术语见术语表，下文定义本章术语。

（1）评价。

（2）部队训练评价。

（3）训练评定。

（4）组织（或部队）评定。

（5）指挥官的训练评价。

（6）训练评价。

d. 职责。

部队训练评价是开发训练和训练产品的支持者，以及使用这些产品开展集体和个人（如士兵，领导）训练的军队的共同职责，如表D-2所示。

表 D–2　部队训练评价职责

活　动	职　责
1.TRADOC 训练 /TD（任务）责任单位	（a）评估责任单位的训练计划和训练产品。 （b）到部队执行训练评价。 （c）要求部队反馈。 （d）回应部队反馈。 （e）为训练开发人员提供需求分析反馈
2. 部队	（a）评价训练计划和训练产品的效果和有效性。 （b）评价保障训练物资，确保识别和充分保障部队任务和关键的集体和个体的任务。 注：在总体训练任务中必须考虑训练计划、活动和物资

e.输出。

评价是系统性训练（SAT）最低限度的基本要求（MER）（即 TD 过程）。部队训练评价的输出：

（1）部队向责任单位反馈。

（2）评价报告确认：

（a）良好的训练结果。

（b）性能或训练产品缺陷，包括推荐解决方案改善这些缺陷。

注：责任单位负责修订现有的训练或进行需求分析，以确定新的训练/TD需求。

f.程序流程。

部队训练评估和集体训练开发之间的关系如图 D–1 所示。

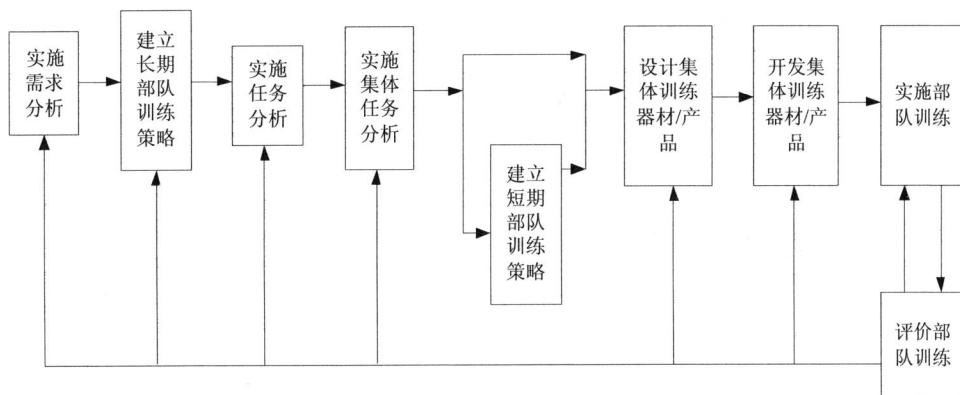

图 D–1　部队训练评估与集体训练开发关系

D-3 训练评价

a. TRADOC观点。

以下是从TRADOC责任单位的角度给出的关于本章相关术语的定义：

（1）评价：质量训练的基础。

它是军队的TD过程的五个阶段之一，即系统方法训练（SAT）。因此，它是一个动态的过程，可以发生在正式的内部和外部评价之间，或发生在学生和教师的非正式反馈之间，或发生在野战指挥官和战斗训练中心（CTC）或责任单位之间。六大主要功能区域为：

（a）系统方法训练（SAT）过程。

（b）教学过程/计划。

（c）训练产品。

（d）人员。

（e）训练机构/设施。

（f）需求评定。

（2）（部队）训练评价。

这个过程用于确认在部队训练中，集体和个人任务绩效和产品缺陷并且获得改善训练或保障训练的产品的建议［指的是训练/TD（任务）责任单位提议的"外部评价"］。

b. 部队观点。

以下是从从部队训练管理角度给出的本章相关的定义：

（1）训练评定。由陆军领导根据重要的任务目标所决定的组织当前训练熟练度水平的分析过程。（FM25-100）

注：领导使用训练评价结果制定指挥官的训练评定。

（2）组织（或部队）评定。组织评定的过程是由陆军高级领导人通过分析和评价相关的各种功能系统（如训练、后勤、人员和力量编成），来确定组织完成其战时任务（或完成军事行动）的能力。（FM25-101）

（3）指挥官训练评定。评定部队当前任务的基本任务清单（METL）熟练程度，重点是影响部队执行战时任务（或完成军事行动）的训练短板（FM25-101）。

（4）（部队）训练评价。

（a）用来衡量个人和集体完成指定的训练目标的能力的过程（FM25-100）。

（b）用来衡量个人或集体执行任务绩效标准的能力的过程，例如"合格"或"不合格"。

c. 说明。

部队训练评价是用于确认在部队的训练中集体和个人任务绩效和产品缺陷，并获得提高训练或保障训练产品建议的过程。这个评价包括个体和集体训练和条令产品〔如，士兵训练出版物（STPs），任务训练计划（MTPs），技能，训练保障包（TSPs），训练辅助器材、设备、模拟器和仿真（TADSS），野战手册（FMs），训练通报（TCs）〕。部队和训练责任单位评价确认训练、训练计划和产品的开支、技术精度、效果和有效性。评估者报告缺陷和改进训练的建议，用于支持训练的需求分析。实际上，责任者执行外部评价，以确认缺陷（和改善建议），供后续需求分析使用，以决定改善、淘汰还是更换训练或训练产品。

d. 步骤。

在进行部队训练评价中没有规定TRADOC责任单位的具体步骤。步骤的选择取决于多种因素，包括部队是否可以考察（及考察时间），是否可以观察实际训练，部队人员是否可讨论训练问题和部队的训练周期状态。在进行部队训练评价时，评价者需要考虑许多问题，如表D-3所示。

表 D-3　部队训练评价考虑问题

- 集体任务熟练程度和任务标准。
- 个人任务熟练程度和任务标准。
- 特定任务条件和实际训练条件。
- 任务步骤的执行。
- 完成任务绩效的措施。
- 士兵、平民、领导、训练者、评价者，观察员控制者，敌对力量的经验。
- 充分的训练保障（如训练地域、设备、供应）。
- 充分的训练计划和准备。
- 充分的训练产品和物资。如士兵训练出版物（STPs），任务训练计划（MTPs），技能，训练保障包（TSPs），训练辅助器材、设备、模拟器和仿真（TADSS），野战手册（FMs），训练通报（TCs）

　　e. 训练评价执行。

　　部队训练评价要确认士兵、领导和部队执行任务是否达到标准规定的能力。是在给定的时间和规定的条件下执行任务是否达到标准的反映。对于集体训练，部队评价者使用"训练和评价要点"（T&EOs）作为训练目标或任务实施规范的依据。训练评价执行时，评价者观察一个训练周期实际任务的执行，并与绩效度量对比，为每个任务的步骤评定"合格"或"不合格"。然后是"合格"或"不合格"评级，将其录入到绩效/评价总结区，并为集体任务的训练状态评定"合格"或"不合格"。除非另有说明，部队必须为每个任务都获得"合格"评级，任务的总体训练状态才能评定为"合格"。

　　f. 术语。

　　通常，术语"评价"和"评估"不加区分。重要的是要理解，类似的术语可以有完全不同的含义或意义。例如，部队经常对来自TRADOC责任单位的"训练评估"很敏感。重要的是区分支持者的评估或训练与训练产品（即外部评价）的评价和部队指挥官的训练评估。

　　g. 指挥官的训练评估。

　　部队指挥官评价部队的训练熟练程度使用各种来源，包括训练评价演习，年度训练评估，CTC返家研究包，CTC课程学习，领导手册，战斗花名册，从其他领导人或训练者得到的反馈。然后指挥官为每一个METL任务评定下述等级之一：

　　T：训练过。

P：需要训练。

U：未经训练的。

指挥官进行的"T-P-U"评定和由训练评价者评价任务步骤的"合格/不合格"（基于绩效衡量）之间没有直接的关联。即使个人由于其他相关知识被评定为"不合格"，指挥官也可以为一个任务评定"T"，或者指挥官可以决定不评定其为"T"，除非所有绩效均被评定为"合格"。

附录E 个人训练评价

E-1 概述

a.概述。

本章为评价个人训练、训练产品以及训练资料提供了指南。它概括了训练开发（TD）过程的评估阶段，并作为个人训练中的评价角色提示出现在第Ⅵ部分。

在第Ⅲ部分，评估和质量保证中有更多详细政策。

注：关于可能影响个人训练/TD要求的CTC评估反馈，参见第Ⅴ-8章，战斗训练中心（CTC）TD接口。

b.章节索引

本章包括内容如表E-1所示。

表 E-1 个人训练评价内容

内容	章节
行政信息	E-2
个体训练评价程序	E-3

E-2 行政信息

a.目的。

评价实际上是训练责任单位的质量控制机制以及质量保证计划。它是用来确定个人绩效、训练、训练产品／资料以及 TD 过程中存在的缺陷的程序。实际上，结果是提高个人训练或者训练产品的需要评定。结果会返回训练开发者，以便其在训练分析、设计或者开发过程中开展需求分析或者采取纠正措施。部队和非任务责任单位评价提供的训练资料，确定其在提供所需训练保障中的价值、内容有效期限、效率以及有效性。

b.参考文献。

所需的规范性参考文献：

（1）TRADOC 条例 11-13，TRADOC 补救行动计划。

（2）第Ⅲ部分，评估和质量保证。

c.定义。

TD 相关的术语请参见词汇表。

d.职责。

个人训练评价过程中责任单位的具体职责如表 E-2 所示。

表 E-2　个人训练评价职责

机　构	职　责
（1）CG，TRADOC 与 CG 相协调， MEDCOM 和 CG，USASOC	评价和质量保证计划描述和要求，为 TRADOC,医务司令部（MEDCOM）、美国陆军特种作战司令部（USASOC）课程和训练计划、TASS 中的训练机构的评审开发政策、标准以及程序性指南来管理评估
（2）分管训练的副参谋长	管理 TASS 评价和质量保证计划
（3）司令官／校长，训练／TD（任务）责任单位	（a）计划和实施评价计划。 （b）训练评价人员。 （c）确定士兵和军官在执行个人关键任务时在技术方面是否能够胜任。 （d）根据，产品／材料的验证，在再制作和分发之前验证训练产品和保障资料。 （e）根据，全体陆军院校系统评审计划，授权 TASS 训练营。 （f）对部队、责任单位以及非任务责任单位的反馈做出回应。 （g）收集准确、有效、可靠的评价信息。 （h）通过开展优先权问题的详细检查，保障 TRADOC 补救行动计划（T-RAP）过程（TRADOC 条例 11-13），以便在所有条例、训练、领导发展、组织、军品与士兵（DTLOMS）区域确定解决方案。 （i）检查陆军课程研究中心（CALL）趋势报告［由 CTC 应急措施（CONOP）收集工作提供］，酌情将课程用到个人训练产品。

机　构	职　责
	（j）评价 TD 过程、训练计划、训练产品和材料的有效性和效率。 1）确定 TD 过程是否有效执行。 2）确保产品符合既定的标准。 3）确定的单位和个人可以密切协作并在诸军兵种联合作战中顺利完成任务。 4）确保训练是以最有效的方式训练的。 5）确定训练和训练发展中的不足，开展正规的课堂训练和野外训练。 6）确保将风险评价、安全因素及环境因素都集成纳入训练计划和训练产品。 （k）提供反馈给训练开发人员进行需求分析。 （l）确保纠正缺陷
（4）司令官／校长，训练／TD（任务）非责任单位	向任务责任单位提供关于训练产品的效率和有效性的反馈

E-3　个人训练评价过程

a.概述。

个人训练评价过程应用质量保证/控制程序需要确定 TD 过程的有效性，并且确保产品符合既定的标准。这是一个持续的，以经验为基础的过程，包括收集、评价和训练以及训练开发的数据和信息的报告。

b.输出。

评价是 SAT 过程的最低基本要求。个人训练评价输出：

（1）在需求分析过程中使用的目标数据，以便做出与新型或者改进型训练相关的判断。

（2）评价报告确定：

（a）好的培训结果。

（b）绩效/TD 缺陷，包括为纠正已确定的不足所推荐的解决方案。

（3）后续识别缺陷。

注：训练/任务（TD）责任单位负责修正现有的训练或进行需求分析，以确定新的训练/TD 要求。

c.起点。

评价是一个持续的过程。评价人员应该直接参与到训练开发过程以及开发所有产品和材料的所有阶段。用户也应该将其训练和训练产品的评估结果持续报告至责任单位，以便进行修改和提高。

d.步骤。

一般训练责任单位评价过程如下：

（1）制定学校评价政策。

（2）制定评价计划。

（3）设计并验证评价工具。

（4）进行内部评价（收集数据）。

（5）验证训练产品和材料。

（6）进行认证（收集数据）。

（7）分析数据。

（8）识别缺陷。

（9）报告评价结果。

注：反馈对评价过程来说是至关重要的。决策者必须基于准确、可信以及客观的评估信息（反馈）进行决策。

（10）进行评价跟踪。

注：仅当采取行动正确识别缺陷，评价才是有用的。

e.过程完成。

评价过程是一个永无止境的过程。

f.处理流程。

评价和所有其他TD流程阶段之间的关系是至关重要的。以下顶级评价信息流程表明了这种关系，如图E-1所示。

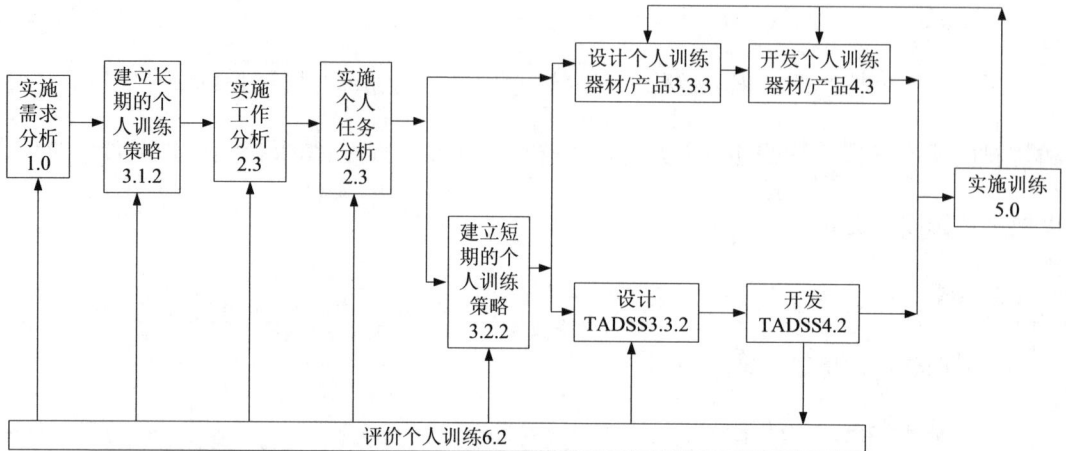

图E-1 评价信息流程

g.质量控制。

所有在评价过程中涉及的人员必须保证：

（1）训练计划有效并高效地达到其既定目标。

（2）训练活动应该按照既定的训练计划展开。

（3）评价：

（a）将训练计划和训练开发过程的所有环节作为一个整体，并展开深入调查。

（b）为需要新的或修订的训练计划相对客观公正的评价提供经验评价数据。

（c）确定训练计划、课程、产品或材料的学习效果。

（d）确定士兵和领导执行个人关键任务时在技术方面是否能胜任。

（e）提供与有效且高效的训练相关的积极反馈，视情况而定。

（f）检查每个准备阶段的计划和产品。

（g）确保训练和训练计划在更换装备，概念和组织方面的准确、即时、关联性，资源利用高效且有效。

（h）测试在训练目标和实际工作或任务要求之间订立的协议。

（4）根据本条例，满足并记录在分析、设计、开发和评估程序方面的最低基本要求。

附录F　工作辅助的超链接

工作辅助的超链接如表F-1所示。

表 F-1　工作辅助的超链接

序号	标题
JA350-70-4.3a	评价项目管理计划格式
JA350-70-4.3b	项目管理计划开发指导
JA350-70-4.3c	主评价计划格式
JA350-70-4.4a	问卷和访谈准备指南
JA350-70-4.4b	访谈实践和程序
JA350-70-4.4c	访谈指南
JA350-70-4.4d	确定样本大小的原则
JA350-70-4.5	定性数据总结（书面评价）
JA350-70-4.6a	可执行的总结格式
JA350-70-4.6b	详细的评价报告格式
JA350-70-4.6c	决策人备忘录格式
JA350-70-4.7	后期跟踪评价报告格式
JA350-70-4.8a	评价人员检查表：SAT过程
JA350-70-4.8b	评价人员检查表：训练机构/设施
JA350-70-4.8c	评价人员检查表：训练产品
JA350-70-4.8d	评价人员检查表：TD管理
JA350-70-4.8e	管理的内部评价问题
JA350-70-4.9a	评价人员检查表：外部评价
JA350-70-4.9b	外部评价管理问题
JA350-70-4.10a	资格认证状态的通知
JA350-70-4.10b	资格认定小组向NCOA校长或RCTASSBN资格认定指挥官建议的格式
JA350-70-4.10c	承训院校向NCOA和/或RCTASSBN提交的资格认定的最终报告样本
JA350-70-4.10d	准备和开展自评的大纲
JA350-70-4.10e	自评报告附函

附录G 训练开发/训练信息流程图

训练开发/训练信息流程图清单如表G-1所示。

表 G-1 训练开发/训练信息流程图列表

目 录	编号
章节 G-1：训练开发/训练流程概览	综述
章节 G-2：信息流程图	
高级训练开发/训练	0.0
实施需求分析	1.0
实施训练分析	2.0.
·实施任务分析	2.1.
·实施集体任务分析	2.2.
·实施工作分析	2.3.
·实施个人任务分析	2.4.
·编制士兵训练出版物（STP）	2.5.
设计训练	3.0.
·建立长期训练策略	3.1.
·建立短期训练策略	3.2.
··开发特定部队开发训练策略	3.2.1.1
··实施部队评估	3.2.1.1.1
··制定 TADSS 需求	3.2.2.5
·设计训练材料/产品	3.3.
··设计训练课程	3.3.3.1
··编写学习步骤/行为	3.3.3.1.6
··制定学员绩效度量/考核	3.3.3.1.7
··设计图像教具（GTA）	3.3.3.3.
··设计一般任务试验（CTT）	3.3.3.6.
·编制 TRAS 文件	3.4.
开发训练	4.0.
·开发训练课程	4.3.1.
·开发图像教具（GTA）	4.3.3.
·开发部队训练（在部队）	4.4.

目　　录	编号
实施训练	5.0.
·实施图像教具（GTA）	5.3.3.1.
评估训练	6.0.
管理训练开发/训练	7.0.

G-1　训练开发/训练流程综述

训练开发/训练流程综述如图G-1所示。

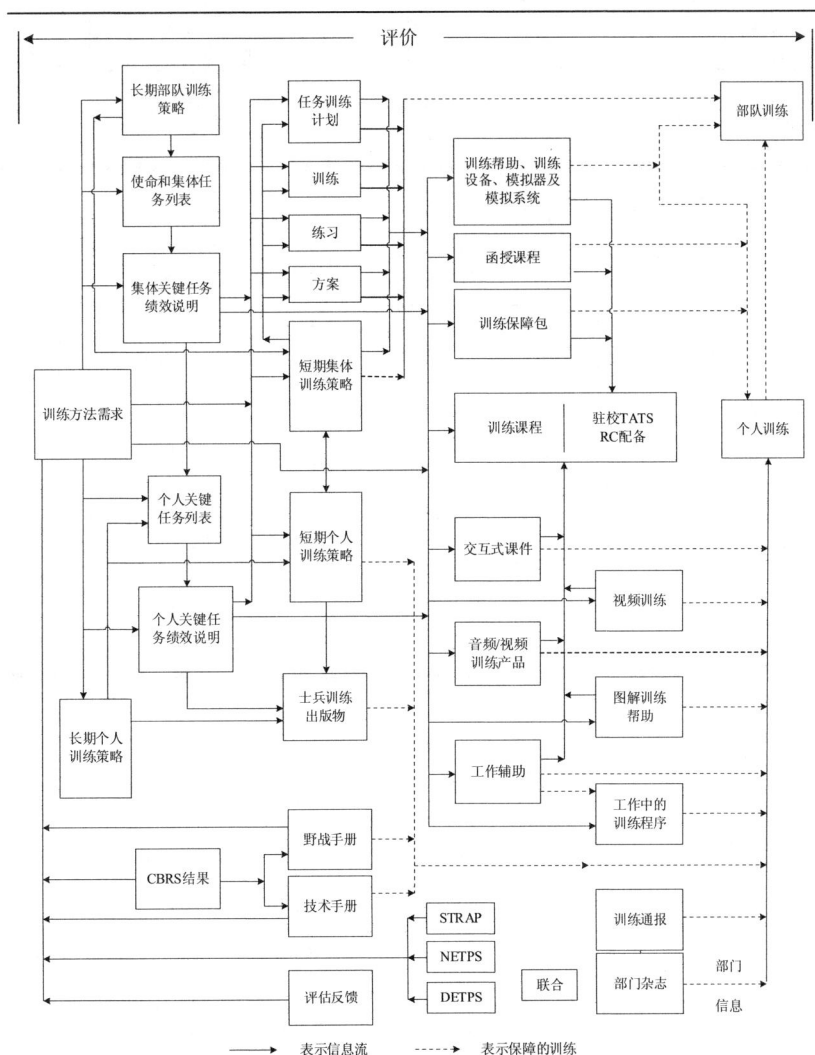

图 G-1　训练开发/训练流程综述

G-2 信息流程图

Level 0.0   训练开发/训练流程

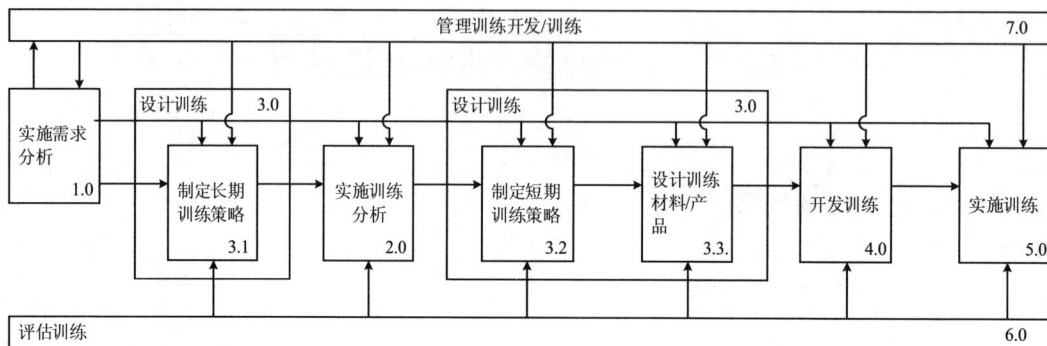

Level 1.0   实施需求分析

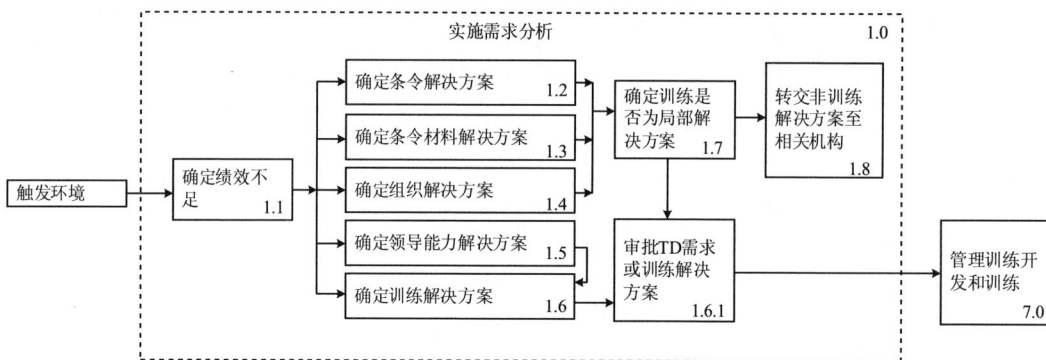

Level 2.0   实施训练分析

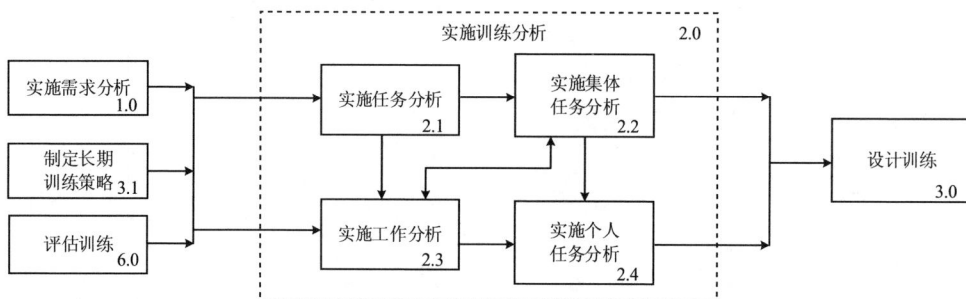

Level 2.1　实施任务分析

实施任务分析　2.1

实施需求分析 1.0
制定长期训练策略 3.1
评估训练 6.0

选择部队进行分析 2.1.1
确定部队任务 2.1.2
确定关键集体任务 2.1.3
分派集体编号 2.1.4
确认直接保障任务完成的个人任务 2.1.5

实施关键任务分析 2.2
实施工作分析 2.3

Level 2.2　实施集体任务分析

实施集体任务分析　2.2

实施任务分析 1.0
制定长期训练策略 3.1
评估训练 6.0
实施任务分析 2.1
集体任务分析信息来源

选择集体任务进行分析 2.2.1

完成任务说明 2.2.2
编写任务条件 2.2.3
明确任务标准 2.2.4
ID任务执行步骤 2.2.5
确定保障性集体任务
确定保障性个人任务
确定安全因素或危险等
确定参考资料
确定环境考量
确定步骤提示、条件和标准
确定装备或物资
建立任务绩效度量
确定保障的AUTL任务
确定行政信息 2.4.6

任务分析者
SME评审者
TD评审者
审批日期
最后修订日期

设计训练 3.0

Level 2.3　　实施工作分析

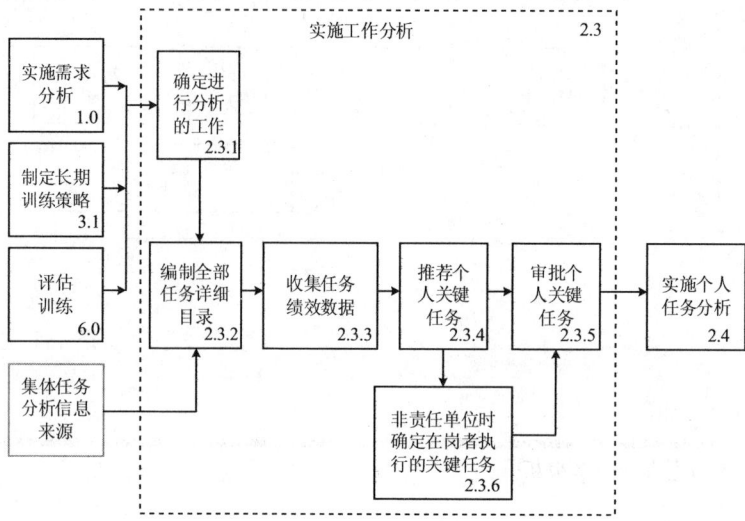

实施工作分析　　2.3

实施需求分析 1.0

制定长期训练策略 3.1

评估训练 6.0

集体任务分析信息来源

确定进行分析的工作 2.3.1

编制全部任务详细目录 2.3.2

收集任务绩效数据 2.3.3

推荐个人关键任务 2.3.4

审批个人关键任务 2.3.5

实施个人任务分析 2.4

非责任单位时确定在岗者执行的关键任务 2.3.6

Level 2.4　　实施个人任务分析

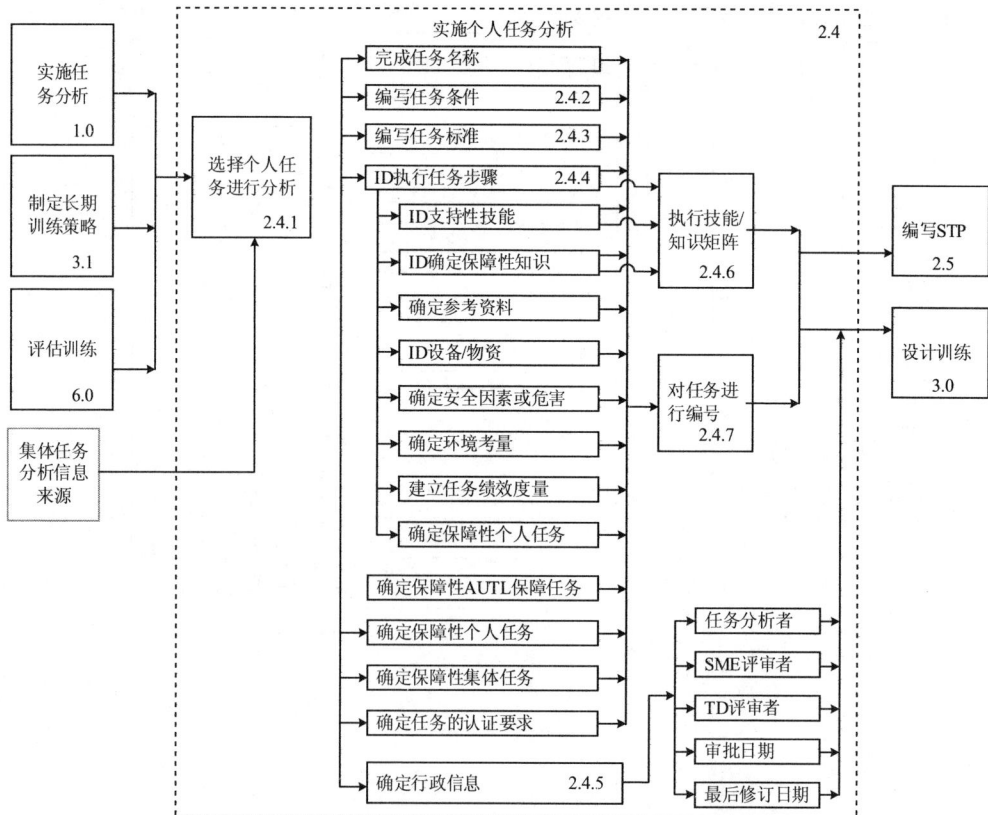

实施个人任务分析　　2.4

实施任务分析 1.0

制定长期训练策略 3.1

评估训练 6.0

集体任务分析信息来源

选择个人任务进行分析 2.4.1

完成任务名称

编写任务条件 2.4.2

编写任务标准 2.4.3

ID执行任务步骤 2.4.4

ID支持性技能

ID确定保障性知识

确定参考资料

ID设备/物资

确定安全因素或危害

确定环境考量

建立任务绩效度量

确定保障性个人任务

确定保障性AUTL保障任务

确定保障性个人任务

确定保障性集体任务

确定任务的认证要求

确定行政信息 2.4.5

执行技能/知识矩阵 2.4.6

对任务进行编号 2.4.7

编写STP 2.5

设计训练 3.0

任务分析者

SME评审者

TD评审者

审批日期

最后修订日期

Level 2.5　　　编写士兵训练出版物（STP）

编写士兵训练出版物（STP）　　　2.5

包括任务名称	2.5.1
包括任务编码	2.5.2
包括任务条件	2.5.3
包括任务标准	2.5.4
包括任务执行步骤	2.5.5
包括任务绩效度量	2.5.6
包括任务安全因素/危害，等	2.5.7
包括环境考量	2.5.8
包括参考资料	2.5.9
包括装备/物资	2.5.10
包括职业发展模型	2.5.11
包括所有训练需求	2.5.12

实施个人任务分析　2.4

准备职业发展模型　3.6

发表STP

Level 3.0　　　设计训练

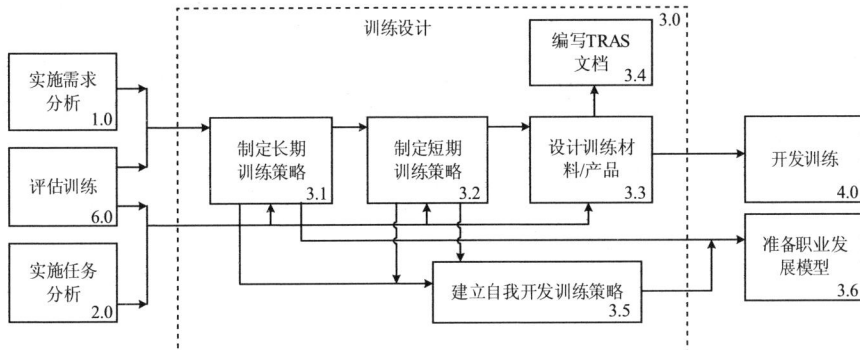

训练设计　3.0

实施需求分析　1.0

评估训练　6.0

实施任务分析　2.0

制定长期训练策略　3.1

制定短期训练策略　3.2

设计训练材料/产品　3.3

编写TRAS文档　3.4

建立自我开发训练策略　3.5

开发训练　4.0

准备职业发展模型　3.6

Level 3.1　　制定长期训练策略

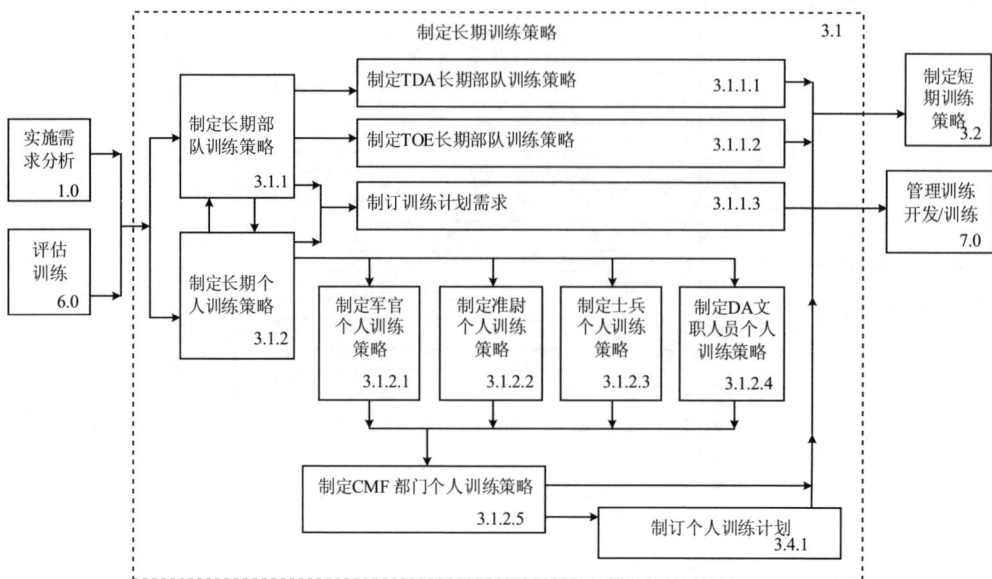

制定长期训练策略　　　　3.1

实施需求分析 1.0

评估训练 6.0

制定长期部队训练策略 3.1.1

制定长期个人训练策略 3.1.2

制定TDA长期部队训练策略　3.1.1.1

制定TOE长期部队训练策略　3.1.1.2

制订训练计划需求　3.1.1.3

制定军官个人训练策略 3.1.2.1

制定准尉个人训练策略 3.1.2.2

制定士兵个人训练策略 3.1.2.3

制定DA文职人员个人训练策略 3.1.2.4

制定CMF部门个人训练策略 3.1.2.5

制订个人训练计划 3.4.1

制定短期训练策略 3.2

管理训练开发/训练 7.0

Level 3.2　　制定短期训练策略

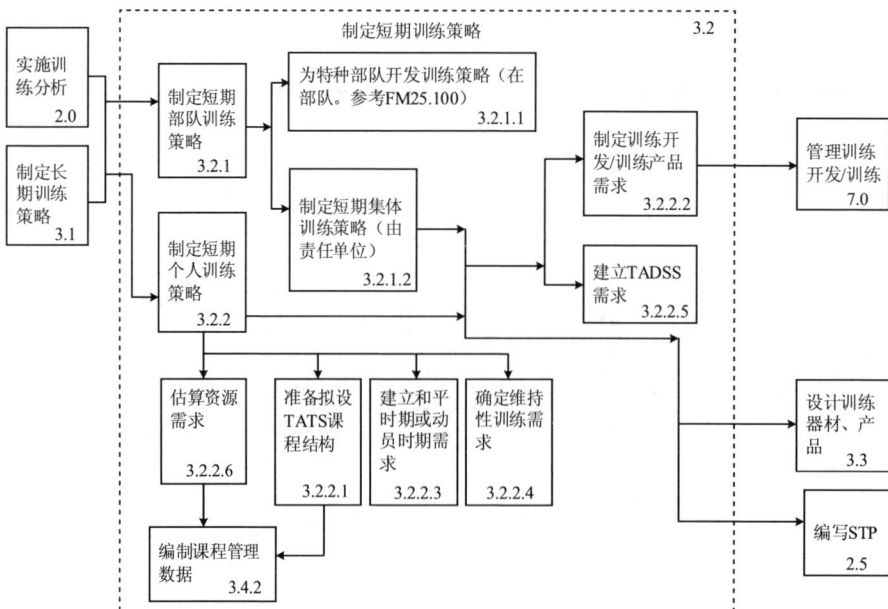

制定短期训练策略　　　　3.2

实施训练分析 2.0

制定长期训练策略 3.1

制定短期部队训练策略 3.2.1

制定短期个人训练策略 3.2.2

为特种部队开发训练策略（在部队。参考FM25.100） 3.2.1.1

制定短期集体训练策略（由责任单位） 3.2.1.2

制定训练开发/训练产品需求 3.2.2.2

建立TADSS需求 3.2.2.5

管理训练开发/训练 7.0

估算资源需求 3.2.2.6

准备拟设TATS课程结构 3.2.2.1

建立和平时期或动员时期需求 3.2.2.3

确定维持性训练需求 3.2.2.4

设计训练器材、产品 3.3

编制课程管理数据 3.4.2

编写STP 2.5

Level 3.2.1.1   开发特定部队训练策略

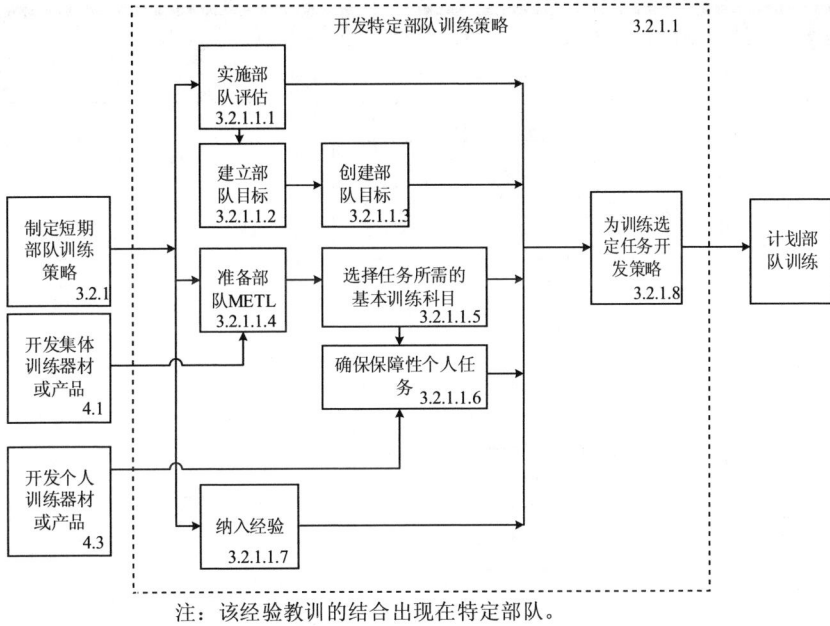

开发特定部队训练策略   3.2.1.1

实施部队评估	
3.2.1.1.1	

建立部队目标	创建部队目标
3.2.1.1.2	3.2.1.1.3

制定短期部队训练策略 3.2.1

开发集体训练器材或产品 4.1

开发个人训练器材或产品 4.3

准备部队METL 3.2.1.1.4

选择任务所需的基本训练科目 3.2.1.1.5

确保保障性个人任务 3.2.1.1.6

纳入经验 3.2.1.1.7

为训练选定任务开发策略 3.2.1.8

计划部队训练

注：该经验教训的结合出现在特定部队。

Level 3.2.1.1.1   实施部队评估

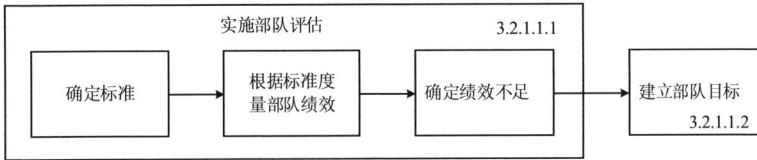

实施部队评估   3.2.1.1.1

确定标准 → 根据标准度量部队绩效 → 确定绩效不足 → 建立部队目标 3.2.1.1.2

Level 3.2.2.5   制定TADSS需求

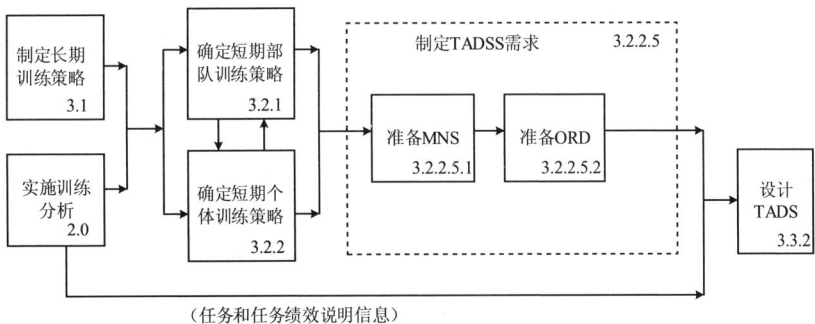

制定长期训练策略 3.1

实施训练分析 2.0

确定短期部队训练策略 3.2.1

确定短期个体训练策略 3.2.2

制定TADSS需求   3.2.2.5

准备MNS 3.2.2.5.1 → 准备ORD 3.2.2.5.2

设计 TADS 3.3.2

（任务和任务绩效说明信息）

Level 3.3　　设计训练材料/产品

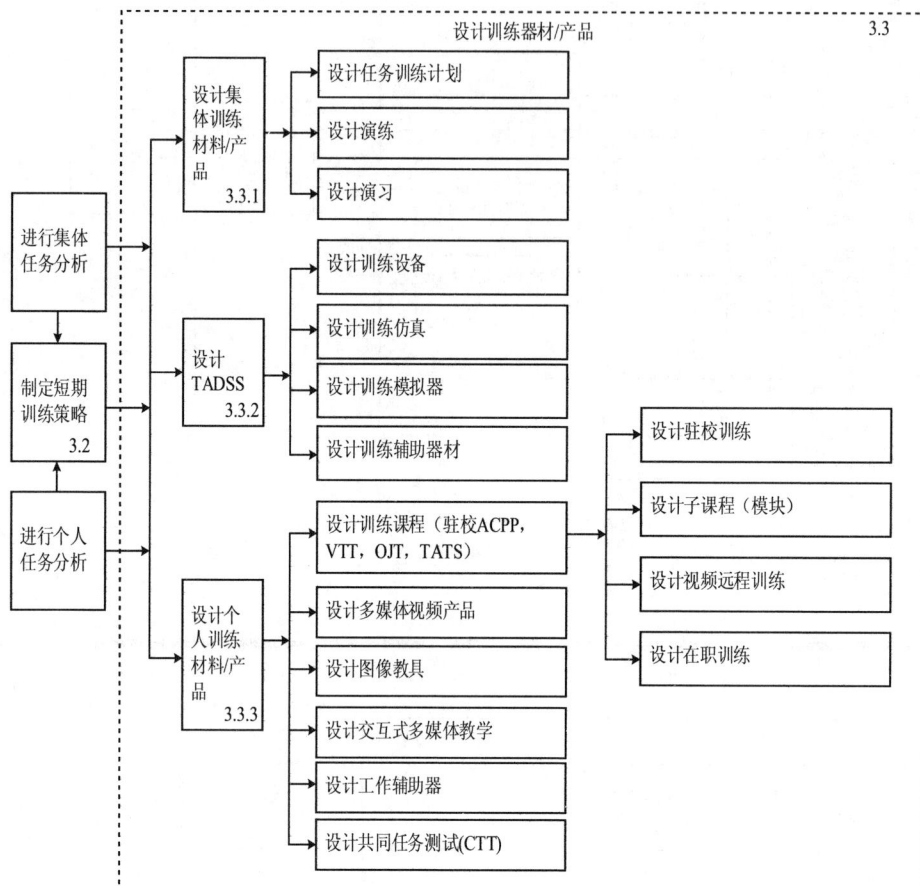

设计训练器材/产品　　　　　　　　　　　　　　　3.3

```
进行集体          设计集      设计任务训练计划
任务分析          体训练
                 材料/产      设计演练
                 品
制定短期           3.3.1      设计演习
训练策略
 3.2             设计        设计训练设备
                 TADSS
进行个人                      设计训练仿真
任务分析           3.3.2
                            设计训练模拟器          设计驻校训练

                            设计训练辅助器材        设计子课程（模块）

                 设计个      设计训练课程（驻校ACPP，  设计视频远程训练
                 人训练      VTT，OJT，TATS）
                 材料/产                          设计在职训练
                 品        设计多媒体视频产品

                  3.3.3    设计图像教具

                          设计交互式多媒体教学

                          设计工作辅助器

                          设计共同任务测试(CTT)
```

Level 3.3.3.1 设计训练课程

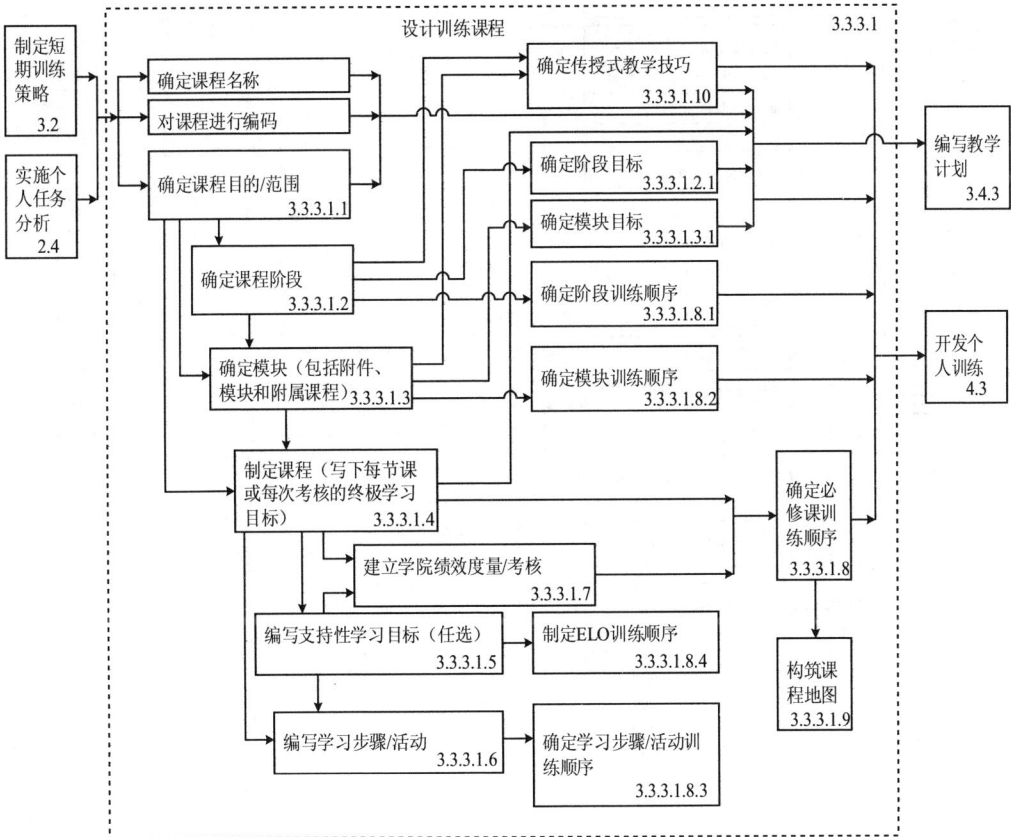

Level 3.3.3.1.6　　编写学习步骤/行动

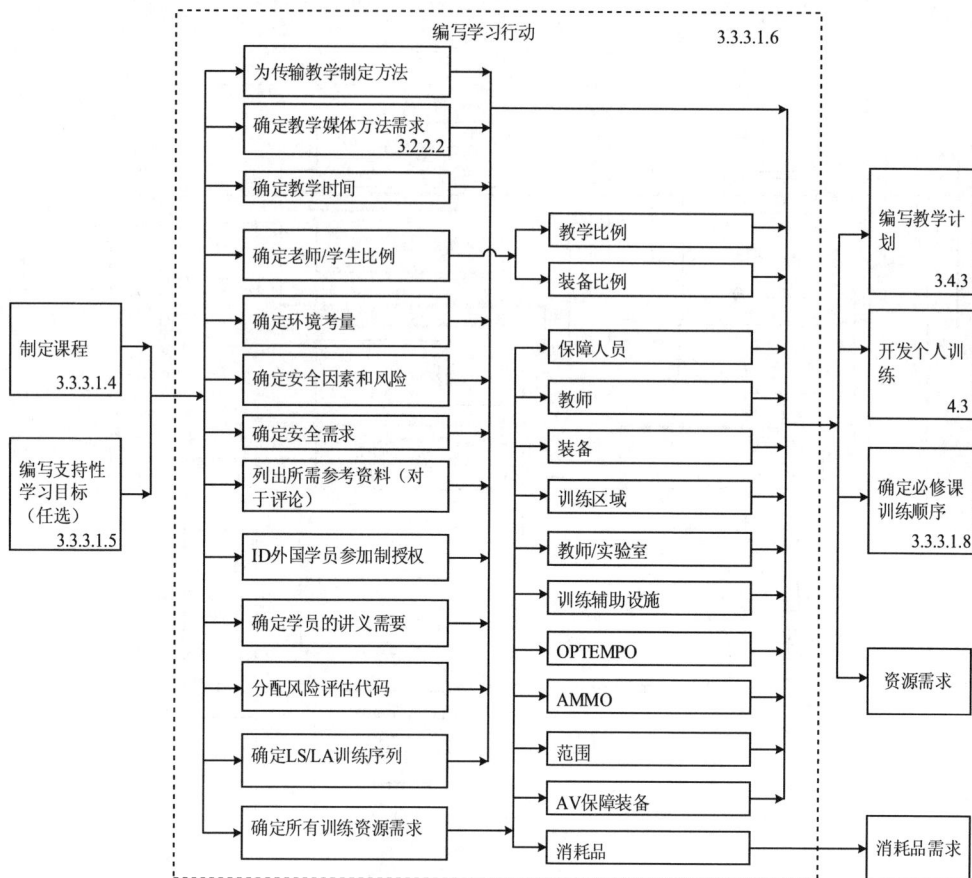

Level 3.3.3.1.7　　建立学生成绩考核/测试

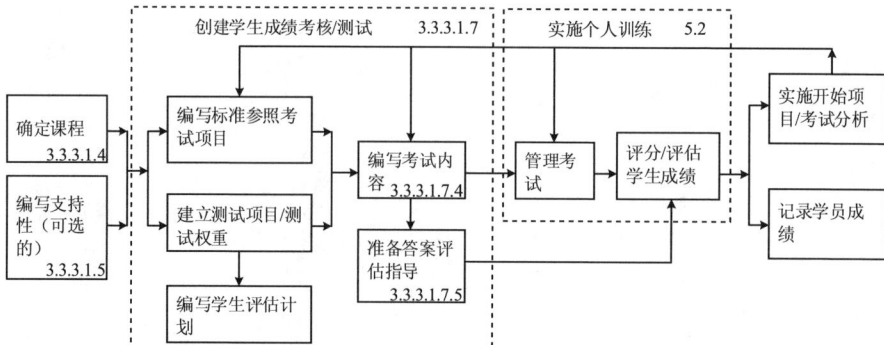

Level 3.3.3.3　　　　设计图像教具（GTA）

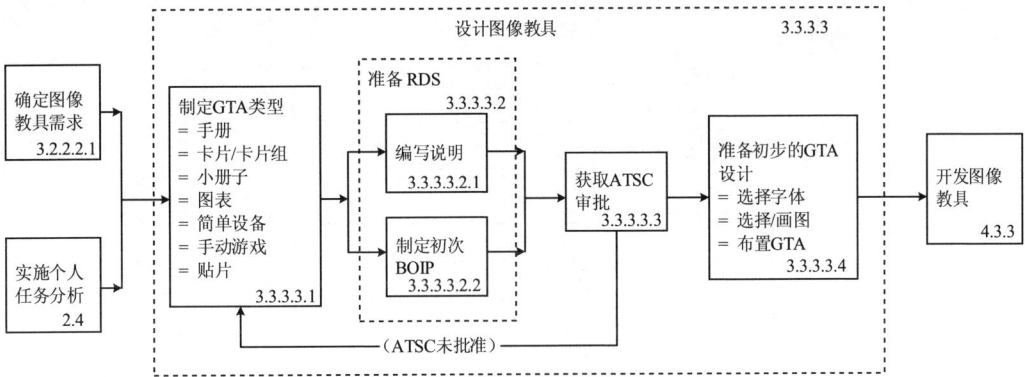

设计图像教具　　　　　　　　　3.3.3.3

确定图像
教具需求
3.2.2.2.1

实施个人
任务分析
2.4

制定GTA类型
= 手册
= 卡片/卡片组
= 小册子
= 图表
= 简单设备
= 手动游戏
= 贴片
3.3.3.3.1

准备 RDS
3.3.3.3.2

编写说明
3.3.3.3.2.1

制定初次
BOIP
3.3.3.3.2.2

获取ATSC
审批
3.3.3.3.3

准备初步的GTA
设计
= 选择字体
= 选择/画图
= 布置GTA
3.3.3.3.4

开发图像
教具
4.3.3

（ATSC未批准）

Level 3.3.3.6　　　　设计一般任务测试（CTT）

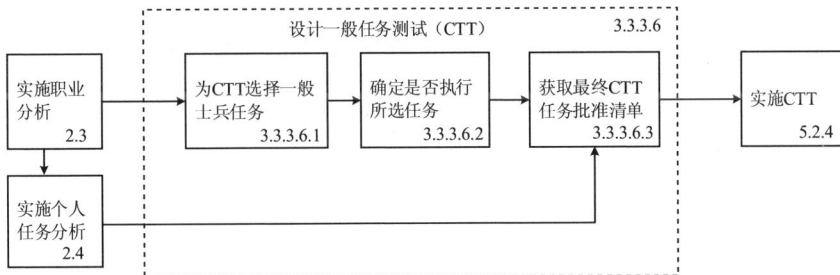

设计一般任务测试（CTT）　　　3.3.3.6

实施职业
分析
2.3

为CTT选择一般
士兵任务
3.3.3.6.1

确定是否执行
所选任务
3.3.3.6.2

获取最终CTT
任务批准清单
3.3.3.6.3

实施CTT
5.2.4

实施个人
任务分析
2.4

Level 3.4　　　编写TRAS 文件

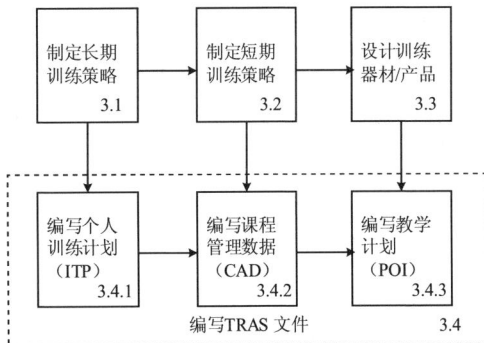

制定长期
训练策略
3.1

制定短期
训练策略
3.2

设计训练
器材/产品
3.3

编写个人
训练计划
（ITP）
3.4.1

编写课程
管理数据
（CAD）
3.4.2

编写教学
计划
（POI）
3.4.3

编写TRAS 文件　　　　　3.4

Level 4.0   开发训练器材/产品

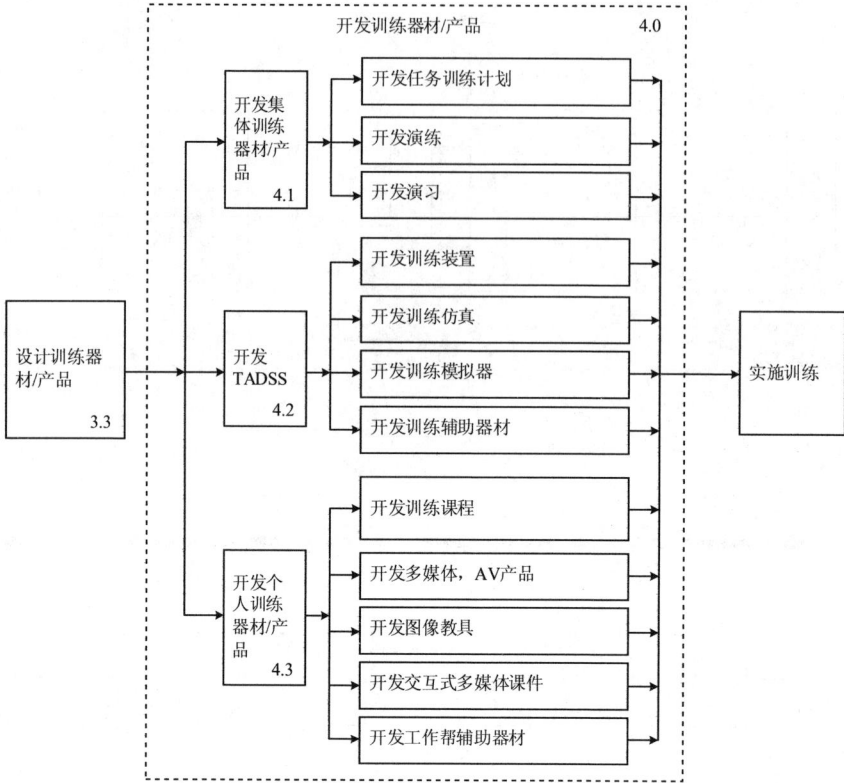

开发训练器材/产品   4.0

开发集体训练器材/产品 4.1	开发任务训练计划
	开发演练
	开发演习

设计训练器材/产品 3.3

开发 TADSS 4.2	开发训练装置
	开发训练仿真
	开发训练模拟器
	开发训练辅助器材

开发个人训练器材/产品 4.3	开发训练课程
	开发多媒体，AV产品
	开发图像教具
	开发交互式多媒体课件
	开发工作帮辅助器材

实施训练

Level 4.3.1   开发训练课程

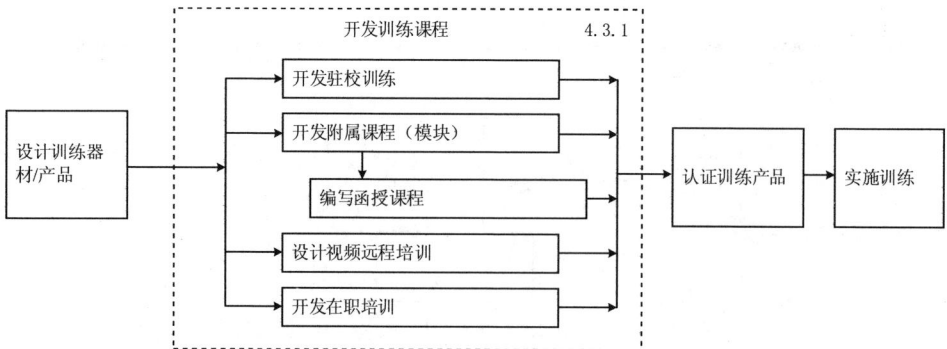

开发训练课程   4.3.1

设计训练器材/产品

| 开发驻校训练 |
| 开发附属课程（模块） |
| 编写函授课程 |
| 设计视频远程培训 |
| 开发在职培训 |

认证训练产品 → 实施训练

Level 4.3.3 开发图像教具（GTA）

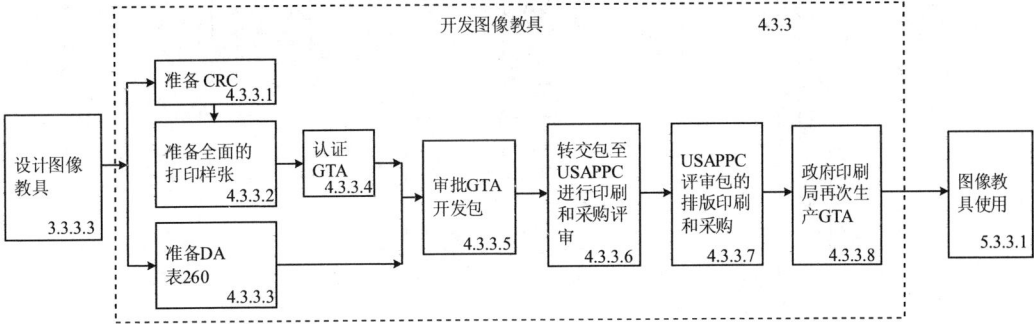

开发图像教具 4.3.3

设计图像教具 3.3.3.3	

准备 CRC 4.3.3.1

准备全面的打印样张 4.3.3.2

认证 GTA 4.3.3.4

准备DA表260 4.3.3.3

审批GTA开发包 4.3.3.5

转交包至USAPPC进行印刷和采购评审 4.3.3.6

USAPPC评审包的排版印刷和采购 4.3.3.7

政府印刷局再次生产GTA 4.3.3.8

图像教具使用 5.3.3.1

Level 4.4 开发部队训练（在部队）

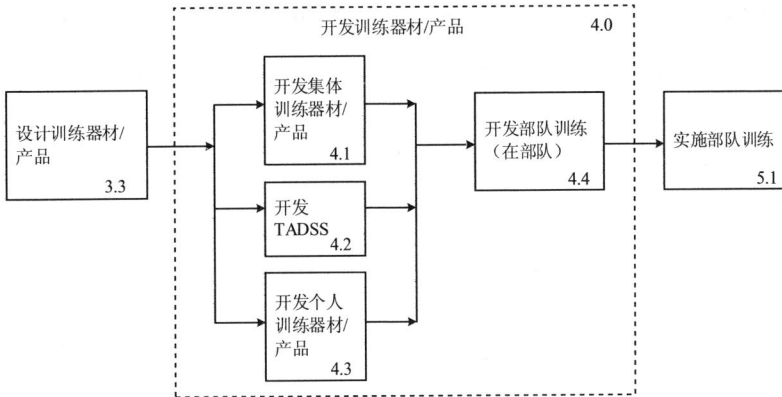

开发训练器材/产品 4.0

设计训练器材/产品 3.3

开发集体训练器材/产品 4.1

开发TADSS 4.2

开发个人训练器材/产品 4.3

开发部队训练（在部队）4.4

实施部队训练 5.1

Level 5.0　　实施训练

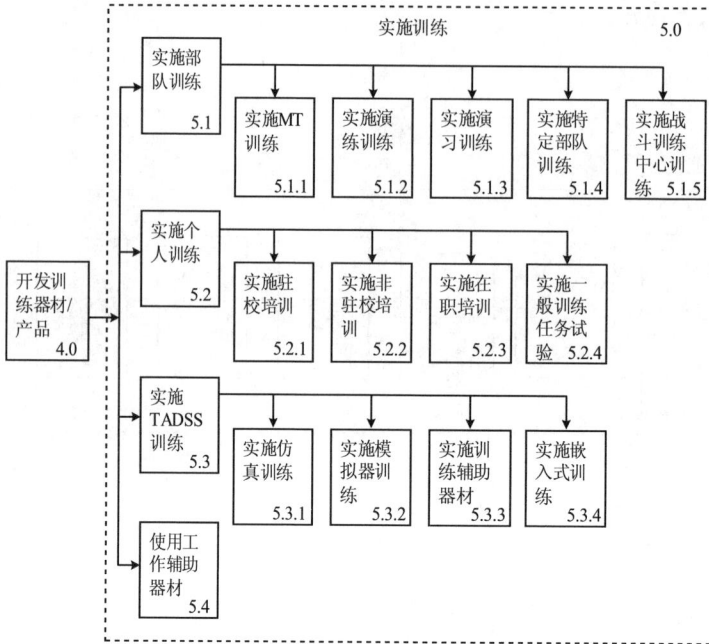

实施训练　　5.0

- 实施部队训练 5.1
  - 实施MT训练 5.1.1
  - 实施演练训练 5.1.2
  - 实施演习训练 5.1.3
  - 实施特定部队训练 5.1.4
  - 实施战斗训练中心训练 5.1.5
- 实施个人训练 5.2
  - 实施驻校培训 5.2.1
  - 实施非驻校培训 5.2.2
  - 实施在职培训 5.2.3
  - 实施一般训练任务试验 5.2.4
- 实施TADSS训练 5.3
  - 实施仿真训练 5.3.1
  - 实施模拟器训练 5.3.2
  - 实施训练辅助器材 5.3.3
  - 实施嵌入式训练 5.3.4
- 使用工作辅助器材 5.4

开发训练器材/产品 4.0

Level 5.3.3.1　　实施图像教具（GTA）

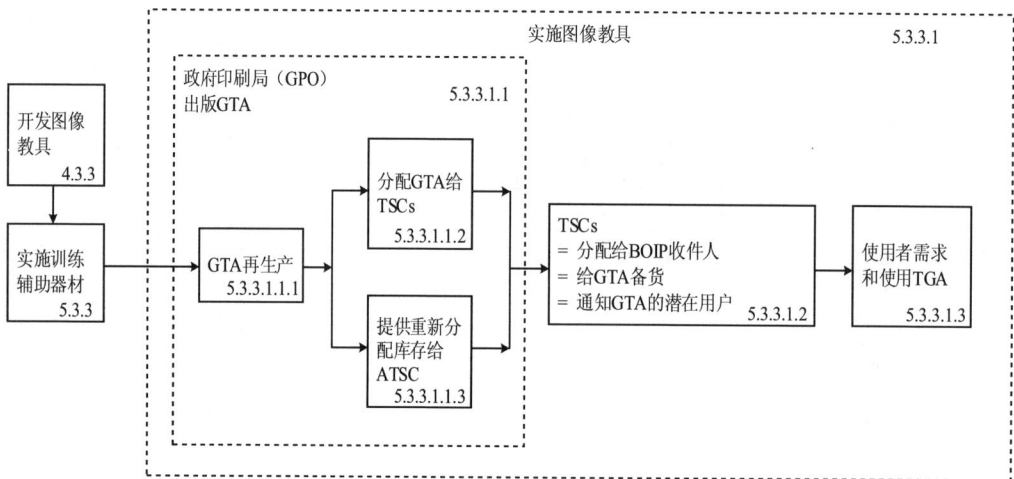

实施图像教具　　5.3.3.1

开发图像教具 4.3.3 → 实施训练辅助器材 5.3.3

政府印刷局（GPO）出版GTA　5.3.3.1.1

GTA再生产 5.3.3.1.1.1

- 分配GTA给TSCs 5.3.3.1.1.2
- 提供重新分配库存给ATSC 5.3.3.1.1.3

TSCs
= 分配给BOIP收件人
= 给GTA备货
= 通知GTA的潜在用户　5.3.3.1.2

使用者需求和使用TGA 5.3.3.1.3

Level 6.0   评估训练

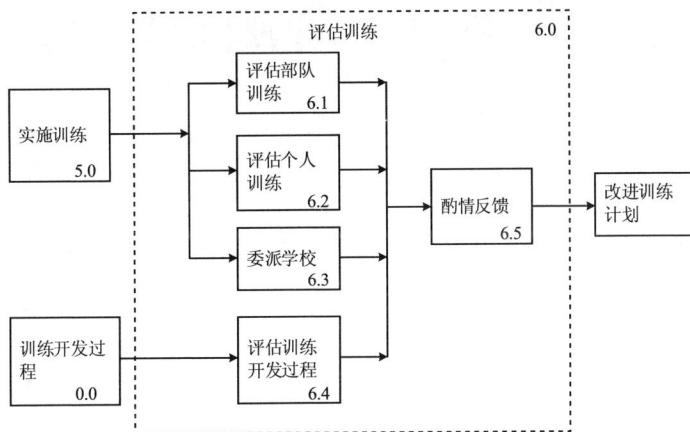

Level 7.0   管理训练开发/训练

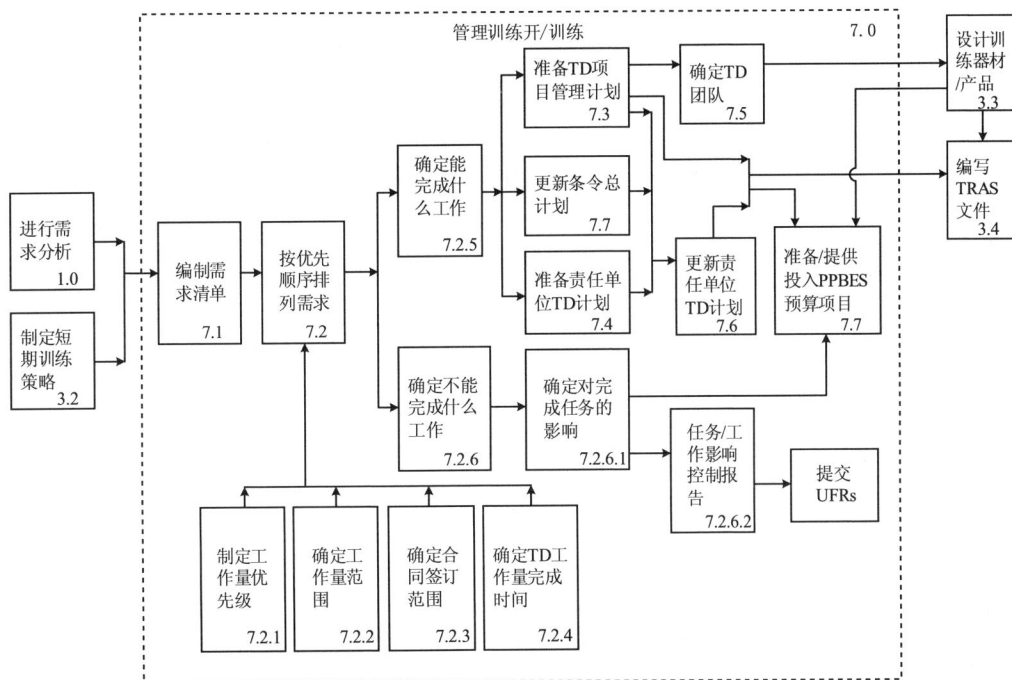

附录H 观测表单

观测表单参照DCSOPS&T支持的训练与条令司令部（TRADOC）Pam350-70-4的应用。

第一章训练开发如表H-1所示。

表 H-1 训练开发

第一章 训练开发					
第一部分 管理数据					
1.学校			2.课程/POI		
3.日期			4.评价者姓名		
第二部分 课程设计/实施计划					
1.POI 文件号	2.课堂计划（LP）训练保障包（TSP）标题	3.IAW 当地政策批准的 LP/TSP	4.批准的 LP/TSP 日期		
		是 否			
5.是否进行 LP/TSP 风险评估？	6.是否进行 LP 环境评估？	7. POI 时间与 LP 时间是否匹配？			
是 否	是 否	是 否			
8. 教学的 POI 方法与教学的 LP 方法是否匹配教学方法（MOI）？		是 否			
9. 是否列出外部开放声明？		是 否			
10. POI 日期		11. 课程管理计划（CMP）日期			
12. 关键任务列表日期					
13. 最终学习目标（TLO）/（从属学习目标）ELOs 是否根据 IAWTR-350-70 撰写	是 否	如果不是，重写的强制性建议是：			

14. TLO/ELOs 是否与 POI 匹配	是	否	若不是，强制性意见和建议是：	
15. 所有条例是否是当前用的？	是	否	若不是，强制性的意见和建议是：	
16. 条例是否反映通用操作环境（COE）？	是	否	若不是，强制性的意见和建议是：	
17. LP 任务是否在临界任务列表中？	是	否	若不是，强制性的意见和建议是：	
18. LP 任务是否在教学计划（POI）中？	是	否	若不是，强制性的意见和建议是：	
19. LP 时间 /MOI 是否在 TRADOC 管理活动（TMA）的表单中？	是	否	若不是，强制性的意见和建议是：	
第三部分 第一阶段作业评定				
通过——评估项目（第二部分，项目 3-19）至少有 75% 的评估条目被评定为通过				
未通过——补评定为通过的评估条目（第二部分，项目 3-19）少于 75%。需要说明重点				
作业评定	通过		未通过	

HQ 训练与条令司令部（TRADOC）Form 350−70−4−1−R−E

第二章训练管理如表H−2 所示。

表 H−2 训练管理

第二章 训练管理			
第一部分 管理员数据			
1. 学校		2. 课程 /POI	
3. 日期		4. 评价者姓名	
第二部分 训练资源材料			

1. LP 装备是否在 POI 中	是	否	如果不是，强制性的意见和建议是：	
2. LIN.nomenIAWFEDlog	是	否	如果不是，强制性的意见和建议是：	
3. POI 反映了 AV 装备需求升级和教师 XXI 需求	是	否		
4. LP 工具在 POI 中？	是	否	如果不是，强制的意见和建议是：	
5. LP 军火在 POI 中？	是	否	如果不是，强制的意见和建议是：	
6. LPTADSS 是否在 POI 中？	是	否	如果不是，强制的意见和建议是：	

第三部分　训练比					
	必须的	指派的	可用的	备注	
a. 教员 / 学生					
b. 装备 / 学生					
c. 操练 / 学生					
d. 操作者 / 学生					

第四部分　其他领域					
	通过	未通过	NA	备注	
1. 设施					
2. 安全性					
3. 其他的（特定）					

第五部分　训练执行				
1. LP/POI 带来的偏差				
1a. 由何引起	1b. 解释	1c. 状况		
		已报告：	是	否
		仍然出现：	是	否
		安全性影响	是	否

第六部分　第二阶段作业评定	
通过——评价项目（第二部分1~6）至少75%通过；所有LP/TSP/POI匹配的第三部分和第四部分有用或自动放弃	
未通过——评价项目（第二部分1~6）少于75%通过或进行了放弃	
评估成绩	通过　｜　未通过

HQ训练与条令司令部（TRADOC）Form 350-70-4-1-R-E

第三章教师考核表如表H-3所示。

表 H-3　教师考核表

第三章　教师考核表				
第一部分　管理数据				
1. 学校 / 课程		2. 班级号		3. 日期
4. 教师姓名 / 小组长（SGL）		5. 级别 / MOS/SC		6. 教师是否有 IAWTR350-70资格？
				是　｜　否
第二部分　评价				
A. 管理准备	通过	未通过	无答案（NA）	备注
1. 巡查人员簿册是最新的和可用的				
2. TSP、学生 H/O 位于巡查区域				
3. 训练计划可用				
4. 有已认证教师的 ITC 证明或备忘录				
5. 表单中有巡查人员签名				
6. 学员名册				
7. 对安全 / 样本证书进行了分类				
8. 严酷的天气计划				
9. 风险管理工作表或每日风险评估				
10. 救伤直升机计划				
B. 教室准备	通过	未通过	无答案	备注
1. 课程计划最新，训练和条令处（DOTD）和 POT 已批准以及 IAWPOI				
2. 教室光照充足、清洁、整齐，无噪音和干扰。座次摆放合理。训练前教室已准备好				
3. 训练器材、辅助系统、和安全装备在训练前可投入使用				

C. 入门	通过	未通过	无答案	备注
1. 进行动员以说明任务的意义和重要性				
2. 展示并清晰地说明学习目标（行动、条件、标准），简要概括课程顺序				
3. 说明风险评估水平，警告、安全风险以及环境考虑				
4. 说明如何进行目标测试				
D. 示范方法	通过	未通过	无答案	备注
1. 确保学生能看见示范的所有部分				
2. 步骤已严格示范				
3. 必要时，学生可以参与示范				
4. 必要时，可以使用学生进行辅助				
5. 现场给出的修正和肯定				
E. 传授训练方法	通过	未通过	无答案	备注
1. 总结示范过程所涵盖的要点				
2. 实际操练之前给出详细的指南				
3. 确保学生正确进行实际操练				
4. 适时提供反馈				
5. 鼓励小组成员参与				
6. 实际操练之后引导学员进行任务后评估				
F. 沟通技巧	通过	未通过	无答案	备注
1. 应用了正确的发音与语法				
2. 合理使用分散学生注意力的习惯用语，如"哦""好""你知道"				
3. 教师的声音质量、音量和变化（语调、速度和变形）充分				
G. 问答方法	通过	未通过	无答案	备注
1. 问题表述清晰且要点明确（询问、中断、命令、反应、评价）				
2. 问题对课程比较合适				
3. 问题覆盖了所有关键点				
4. 学生问题的回答充分				
H. 表达能力	通过	未通过	无答案	备注
1. 与所有学生视觉沟通				
2. 走动和手势自然合适				
3. 教师是镇定和热情的				

I. 训练辅助 / 教具的应用	通过	未通过	无答案	备注
1. POI 中列出的训练辅助、教具、装备应用合理				
2. 白板和其他可视化辅助系统应用有效				
J. 教室管理	通过	未通过	无答案	备注
1. 保持对课堂的适当控制				
2. 应用适当的方法帮助和激励学生				
3. 时间管理适当，课堂分布合理				
4. 鼓励学生参与				
K. 考核管理	通过	未通过	无答案	备注
1. 承担考核的责任				
2. 平格依照考核管理指南（TAG）				
3. 考核与训练方法匹配				
4. 考核评估了训练内容				
5. 引导学生进行 AAR				
L. 教师准备	通过	未通过	无答案	备注
1. 示范课堂器材知识				
2. 解释关键知识点				
3. 遵守教学大纲中的课堂次序				
4. 覆盖所有目标				
5. 过渡自然				
6. 不少于一次将训练活动结合工作背景				
7. 确保所有学生能看见和听见所有教学				
8. 合理应用内部总结				
9. 合理引导课堂总结（见 9a-9d）				
9a. 重述行动				
9b. 重述主要学习步骤				
9c. 检查学习				
9d. 有结课结束语				
M. 个人品质	通过	未通过	无答案	备注
1. 教员有好的言谈举止				
2. 显示出对学生的尊重				
3. 和学生建立了积极融洽的关系				

第三部分 教员的 AAR
第四部分 第三阶段作业评定
通过——评价项目（第二部分）至少 75% 通过
未通过——评价项目少于 75% 通过，需要说明重点
评估成绩 GO/NOGO
第五部分 背景摘要
评价确认

人称简写	地点	时间

评价者签字		课程管理者签字	

HQ 训练与条令司令部（TRADOC）Form 350-70-4-1-R-E

第四章总体作业评定如表 H-4 所示。

表 H-4　总体作业评定

第四章　总体作业评定			
第一部分 管理数据			
1. 学校		2. 课程 /POI	
3. 日期		4. 评价者姓名	
第二部分 等级评定			
第一章：训练开发	通过	未通过	
第二章：训练管理	通过	未通过	
第三章：教师清单	通过	未通过	
总评	通过	未通过	
注：总评结果由第一章、第二章和第三章决定。标签为"没应用"不计入总评价计算。			

HQ 训练与条令司令部（TRADOC）Form 350-70-4-1-R

附录 I　资格认定标准评价记录

资格认定标准评价记录如表 I-1 所示。

表 I-1　资格认定标准评价记录

资格认定标准评价记录							
部队初级训练、重新定级训练和专业军事教育							
（本表格的相关描述见训练与条令司令部（TRADOC）手册 350-70-4，DCSOPS&T 支持。）							
管理数据							
1. 被评价组织							
名称：							
地址 / 位置：							
2. 授权代理名称							
3. 评价者						电话	DSN
Email 地址							Comm
地址：							
报告要点							
训练类型（单选）							评价范围（单选）
初级训练	BCT	一站式部队训练（OSUT）	高级单兵训练（AIT）	候补准尉培训学校（WOCS）	候选军官学校（OCS）		训练实施
重新定级训练							训练支持
专业军事教育（指明教育系统）		士官教育系统（NCOES）	准尉军官教育系统（WOES）	军官教育系统（OES）			承训机构的职能
建议							
专业资格认定			条件资格认定鉴定			完全资格鉴定	
备注							
训练实施							
标准序号	标准	达标	Met/cmt	未达标	N/AN/O		HHI
训练支撑							
标准序号	标准	达标	Met/cmt	未达标	N/AN/O		HHI
提议的职能							
标准序号	标准	达标	Met/cmt	未达标	N/AN/O		HHI

HQ 训练与条令司令部（TRADOC）Form 350-70-4-2-R-E

词汇表

第一部分　缩略词

AAC	Army Accessions Command 陆军入学司令部
AAR	After-Action Review 课后回顾
AC	Active Component 现役部队
AOC	Area of Concentration 专业领域
ARI	Army Research Institute 陆军研究所
ASAT	Automated Systems Approach to Training 自动化系统性训练方法
AUTOGEN	Automated Survey Generator 自动调查表生成器
CAC	Combined Arms Center（Ft Leavenworth, Kansas）联合兵种中心（堪萨斯州，莱文沃思堡）
CALL	Center for Army Lessons Learned 陆军课程研究中心
CATS	Combined Arms Training Strategies 联合兵种训练策略
CG	Commanding General 将军级司令官
COE	Contemporary Operational Environment 通用作战（操作）环境
CTC	Combat Training Center 战斗训练中心
DA	Department of the Army 陆军部
DCSOPS&T	Deputy Chief of Staff for Operations&Training 负责作战和计划的副参谋长

DL	Distributed Learning 分散式学习
FY	Fiscal Year 财年
HHI	Higher Headquarter's Issues 上级指挥部命令
HQ	Headquarters 司令部
IAW	in Accordance with 根据……
IMT	Initial Military Training 初步军事训练
ITP	Individual Training Plan 单兵训练计划
JA	Job Aid 岗位辅助
MEDCOM	Medical Command 医务司令部
MEP	Master Evaluation Plan 评价主计划
MOS	Military Occupational Specialty 军职专业
MTP	Mission Training Plan 使命训练计划
NCOA	Noncommissioned Officer's Academy 士官学校
OPFOR	Opposing Force 反对力量（敌方部队）
PME	Professional Military Education 专业军事教育
POC	Point of Contact 联系点
POI	Program of Instruction 教学计划
QA	Quality Assurance 质量保证
QAE	Quality Assurance Element 质量保证要素
QAO	Quality Assurance Office 质量保证办公室
QC	Quality Control 质量控制
RC	Reserve Component 预备役部队
SAT	Systems Approach to Training 系统性训练方法
SME	Subject Matter Expert 领域专家

STP	Soldier Training Publication 士兵训练出版物
T-RAP	TRADOC 补救措施计划
TADSS	Training Aids，Devices，Simulator and Simulations 训练辅助器材、设备、模拟器和仿真
TASS	The Army School System 全体陆军院校系统
TD	Training Development 训练开发
TDPMP	Training Development Project Management Plan 训练开发工程管理计划
TDY	Temporary Duty 临时任务/临时职务
TRADOC	Training and Doctrine Command 训练和条令司令部
TRAS	Training Requirements Analysis System 训练需求分析系统
TSP	Training Support Package 训练保障包
USASOC	US Army Special Operations Command 美国陆军特种作战司令部

第二部分　术语表

• **资格认定**

在达到了一个公认的权威认证质量标准时，教育/训练机构就得到资格认定。

• **内部评价**

评估训练与训练开发目标是否达到。内部评价还能检验SAT过程的有效运用，以期满足必要的分析、设计、开发、实施及评价的最低要求。